北京市一流专业建设系列成果

China Household's Housing Demand and Housing Market under "Double Attributes"

"双重属性"下的中国家庭住房需求与住房市场

张路 ◎ 著

中国财经出版传媒集团
经济科学出版社
Economic Science Press

图书在版编目（CIP）数据

“双重属性”下的中国家庭住房需求与住房市场/张路著．
—北京：经济科学出版社，2019.10
ISBN 978-7-5218-1024-0

Ⅰ.①双… Ⅱ.①张… Ⅲ.①住宅市场-市场需求-
研究-中国 Ⅳ.①F299.233.5

中国版本图书馆CIP数据核字（2019）第221277号

责任编辑：申先菊 赵 悦
责任校对：蒋子明
版式设计：齐 杰
责任印制：邱 天

“双重属性”下的中国家庭住房需求与住房市场
张 路 著
经济科学出版社出版、发行 新华书店经销
社址：北京市海淀区阜成路甲28号 邮编：100142
总编部电话：010-88191217 发行部电话：010-88191522
网址：www.esp.com.cn
电子邮件：esp@esp.com.cn
天猫网店：经济科学出版社旗舰店
网址：http://jjkxcbs.tmall.com
固安华明印业有限公司印装
710×1000 16开 13印张 210000字
2019年10月第1版 2019年10月第1次印刷
ISBN 978-7-5218-1024-0 定价：89.00元

总序

波澜壮阔的改革开放改变了中国，也影响了世界。在改革开放40多年的伟大历程中，金融作为实体经济的血脉，实现了从大一统的计划金融体制到现代金融体系的“凤凰涅槃”。我国也初步建成了与国际先进标准接轨、与我国经济社会实际契合的中国特色社会主义金融发展路径。

经过40多年努力，我们不断改革完善金融服务实体经济的理论体系和实践路径：持续优化完善传统信贷市场，为服务实体企业改革发展持续注入金融活水；建立健全股票、债券等金融工具为代表的资本市场，畅通实体企业直接融资渠道，增强其可持续发展能力；推动低效产能有序退出市场、临时困难但前景良好的企业平稳渡过难关、优质企业科学稳健发展，鼎力支撑我国企业从无到有、从小到大、从弱到强，逐步从低端加工制造向高附加值迈进。

经过40多年努力，我们基本构建了以人民为中心的居民家庭金融服务模式。不仅借鉴西方现代金融实践，支持家庭部门熨平收入波动，实现跨期消费效用最大化；而且充分利用我国银行业分支机构延伸到乡镇、互联网全面覆盖到村落等良好基础设施，逐步实现基础金融服务不出村，促使我国普惠金融走在了世界前列；同时，积极构建与精准扶贫相配套的金融服务体系，发挥金融在扶贫攻坚中优化资源配置的杠杆作用，为人民实现美好生活提供金融动力。

经过40多年努力，我们探索了从国民经济循环流转大局增强金融和财政合力的有效方式。在改革开放的过程中，我们不断优化财政支持与金融服务的配套机制，运用金融工具缓解财政资金使用碎片化问题和解决财政资金跨期配置问题，增进财政政策促进经济结构调整和金融政策促进经济总量优化的协调性，持续提升国民经济宏观调控能力和水平，既避免金融抑制阻碍发展，又防止过度金融风险集聚。

2008年，美国次贷危机引发的全球金融海啸引发了人们对金融理论和金融实践的深刻反思。金融理论是否滞后于金融实践，缺乏对金融实践有效的指引？金融实践是否已过度复杂化，致使金融风险难以识别、度量和分散？随着互联网、大数据、人工智能、区块链等技术的出现，科技发展在极大提高金融业服务之效的同时，也对传统金融业带来了冲击。金融业态正在发生重大变化，金融风险出现新的特征。在新的背景下，如何处理金融改革、发展、创新与风险监管的关系，如何守住不发生系统性金融风险的底线，已经成为世界性重大课题。在以习近平同志为核心的党中央坚强领导下，我国进入中国特色社会主义新时代。在这个伟大的时代，对上述方面进行理论创新和实践探索的任务非常艰巨，使命非常光荣。为完成这一伟大历史使命，需要建设好一流金融学科和金融专业，大规模培养高素质金融人才，形成能力素质和知识结构与时代要求相匹配的金融人才队伍，加强金融学科建设和金融人才培养正当其时。

欣闻首都经济贸易大学金融学成功入选北京市一流专业，正在组织出版“北京市一流专业建设系列成果”，这在打造高素质金融人才培养基地上迈出了重要步伐，将对我国金融学科和金融专业的建设起到积极的推动作用，为促进我国金融高质量发展并建成现代金融体系做出应有贡献，为实现伟大复兴中国梦提供有益助力。

尚福林

前 言

住房是普通家庭最重要的资产，也是最重要的消费支出。根据国家统计局的数据，2016 年中国家庭的居住消费支出占消费总支出的 22.9%；而根据 2015 年的中国家庭金融调查数据，住房占中国中产家庭总资产的近 70%。同时，由于存在信贷约束，青年人往往经历从租房到购房的过程，这就造成了全社会总体的住房需求呈现出明显的“生命周期”特征。除了与家庭的经济活动息息相关，住房消费与房地产投资对宏观经济运行也产生了深远的影响。格林伍德和霍罗威茨（Greenwood & Hercowitz，1991）等人的研究证实，美国在第二次世界大战后的经济运行中，房地产投资往往能够“引领”经济周期，而美国房地产泡沫崩溃最终导致的全球经济危机至今让人们心有余悸。

可见，住房在现实经济中具有重要意义，此外，对住房本身的研究也扩展了一般意义上的经济理论。正如上一段所分析的，家庭既把住房作为一种耐用消费品，在整个生命周期内享受它所带来的居住服务，同时也将其作为一种重要的金融资产①和抵押物。2000 年之后，越来越多的研究

① 如果以参与率（participate rate）来衡量，住房作为一种金融资产甚至超过了一般意义上的传统金融资产，如股票、债券等。

者，尤其是宏观经济学的研究者，逐步认识到这一“双重属性”，并且开始重新定义住房在整个经济学研究中的位置。斯坦福大学的经济学教授皮阿泽斯（Piazzesi）在2016年出版的《宏观经济学手册》第二卷中写道，住房从20世纪90年代（宏观）经济学研究的边缘，逐步成为最热门的研究领域，甚至需要专门撰写一章的内容来对过去10年的研究进行总结。

与西方国家相比，中国的房地产市场的发展时间很短，从1998年住房改革之后才开始逐步建立以市场化为导向的住房供需体系。不过，自此之后，中国房地产市场经历了长足的发展，根据国家统计局统计，从1991年到2014年，中国城市的住房销售面积增长了近40倍；从1978年到2014年，人均住房面积增加了近4倍。然而，在取得这样卓越成就的同时，中国房地产市场的高速发展也带来了甚多棘手的问题：大城市的高房价使得青年人背负着沉重的债务负担；现存的户籍制度所带来的公共服务不平等和就业歧视压抑了特定家庭的住房需求；房价导致的土地价格飙升，使得中国地方政府患上了严重的“土地财政依赖症”，从而削弱了中央政府出台的房地产调控政策的效果；高房价所导致的投机性需求可能催生资产泡沫，对中国宏观经济的稳定运行造成了潜在的威胁。

为了应对上述理论与现实方面的挑战，笔者基于中国住房市场、土地市场和家庭信息的微观数据，采用微观计量分析和动态模拟的方法，对中国家庭住房需求的生命周期特征、中国房价的动态学（dynamics）特征进行了严谨的分析，并且试图构建中国城市的“购—租比”指数来衡量房价中可能蕴含的泡沫程度。最后，我们还对地方政府在土地市场中的行为进行了分析。

本书的结构安排如下。

第一章是引言。在引言中，我们首先介绍了住房对家庭经济活动和宏观经济的重要影响。然后，我们对与家庭的住房需求和房价决定机制有关的理论进行了详细的梳理，尤其是三个“无套利条件”。并且介绍了中国住房改革的进程以及过去十多年间，中国住房市场、房价以及房地产市场的若干特征事实（stylized facts）。在第五节中，我们总结了过去十年，从中央政府到地方政府所实施的房地产调控政策，并分析了这些政策所体现出的特征及其制度背景。在引言的最后一节中，我们对房地产泡沫的理论和事实进行了详细的阐述。

第二章中国家庭住房选择的生命周期模式是对中国家庭住房需求生命周期特征的动态分析。住房除了具有“商品—资产”的双重属性之外，还具有交易中的“不可分性”和“流动性差，交易成本高”等特点。我们在一个有限期的动态生命周期模型中考虑了住房的这些特征。在模型中，具有理性预期的家庭在各个年龄段，面对不同的总体（房价）和特异性（收入水平）冲击，做出最优的住房和消费决策。在通过数值方法获得家庭最优化问题的解之后，我们模拟了个体（agent）在整个生命周期内的住房决策，并且按照年龄段进行加总，从而得到了整个经济中住房需求（体现为家庭的住房自有率）的生命周期特征。笔者采用中国的微观数据对大部分的模型系数进行了校准，最后的结果捕捉到了真实数据的大部分特征。这部分研究可以作为未来对家庭住房需求进行一般均衡建模的基础。

第三章户籍与城市家庭住房需求中，我们采用 CHFS 家庭调查数据，对户籍制度这一中国特有的制度因素对于家庭住房需求的影响进行了实证分析。在对移民家庭的样本选择偏误和户籍地位的内生性问题做必要修正的条件下，笔者发现，移民身份只是有限地延缓了移民家庭获得自有住房的进程，而无法获得当地城市户籍则会在根本上抑制该类家庭的住房需求，这可能是由于非户籍移民具有更多的未来不确定性和职业不稳定性，导致其较高的预防性储蓄动机和较低的财富积累，从而抑制了住房需求。

第四章中国住房价格的动态学分析。在第二三章中，我们主要关注于住房的商品属性；而在第四章的理论模型中，我们同时考虑住房的“金融资产”属性。基于这一特征，笔者构建了一个包含“异质性预期”的房地产需求模型：不同的家庭对未来房价的增长具有不同的预期，其中相当一部分家庭的预期可能是非理性的。我们的研究表明，住房市场表现出与一般商品市场不同的特征：房价增长率越高，对住房的需求越大。利用中国的数据，我们对这一结论进行了实证。在随后的动态系统分析中，我们发现上述特征使得住房市场极容易产生泡沫，并且当泡沫积累到一定程度并面临供给冲击时，极容易破裂。

尽管有大量的理论研究，但是住房市场泡沫在实证研究中依旧很难被准确地识别。在第五章住房"购—租比"与房价增长率中，我们考察了一个在大众媒体和学术研究中被广泛使用的指标——住房的"购—租比"与住房价格变动的关系。我们采用北京住房市场的微观交易数据和新的计算方法，构造了北京市100多个社区或街道的"购—租比"指数，并发现，尽管"购—租比"在2005—2010年间出现了明显的增加，但是它与房价变动的关系比较复杂，并不能直接作为房价泡沫的衡量指标。

在第六章地方政府、融资平台与土地出让中，我们将关注的重点从住房的需求端转向供给端，具体而言，我们关注地方政府和融资平台在土地市场上的"互动"，以及这种互动可能包含的经济学含义。在本章中，我们利用外生的房地产市场周期波动，考察了地方政府财政压力与其参与土地市场程度之间的关系。我们将融资平台（LGFV）的购地频率和购地额作为地方政府参与土地市场程度的度量指标。基于对一个独特的，2007—2013年的城市面板数据的计量分析，我们发现：高财政压力城市的融资平台在房地产市场处于下行周期时相对频繁地进入土地市场购地，呈现出"逆周期"性，但是其相对购地额却呈现"顺周期"的特征。我们认为，这种现象实际上体现的是部分地方政府在利用"虚假"的土地出让来弥补自身的财政缺口，这表明，土地财政支撑下的地方政府高负债是不可持续的。

第七章全文总结和未来研究前瞻中，对全文进行了总结，并指出本书研究中存在的不足和未来的研究方法。

目 录

第一章

引　　言

第一节　住房与家庭

住房作为维持家庭“衣食住行”等基本生活需求的重要部分，与人民的生活息息相关，可以从以下几个方面体现出来。

一、住房服务支出是家庭主要的消费支出之一

根据美国国家收入与生产核算账户（NIPA）的数据，住房是美国家庭最重要的支出项目，如图 1. 1 所示。

图中上方的线代表住房支出占总非耐用品和服务支出的比例，下方的线代表住房支出（作为一种消费）占总消费之比。我们不难发现，住房支出占总支出（总消费）的份额长期保持在一个稳定的水平上。

中国的情况与美国类似。我们在图 1. 2 中分别画出了中国家庭居住支出和其他耐用消费品支出占总消费的比重，可以看到，1995—1997 年居住支出比重有一个比较大的增长，并在之后稳定在 0. 01 ~0. 1 的水平上。我们认为之前的增长可能是由于住房市场化改革所导致的。事实上，在 2012 年之后，国家统计局调整了居住支出的口径，这一比例有所上升，超过 0. 2（未在图 1. 2 中画出），从而在绝对水平上趋近于美国。

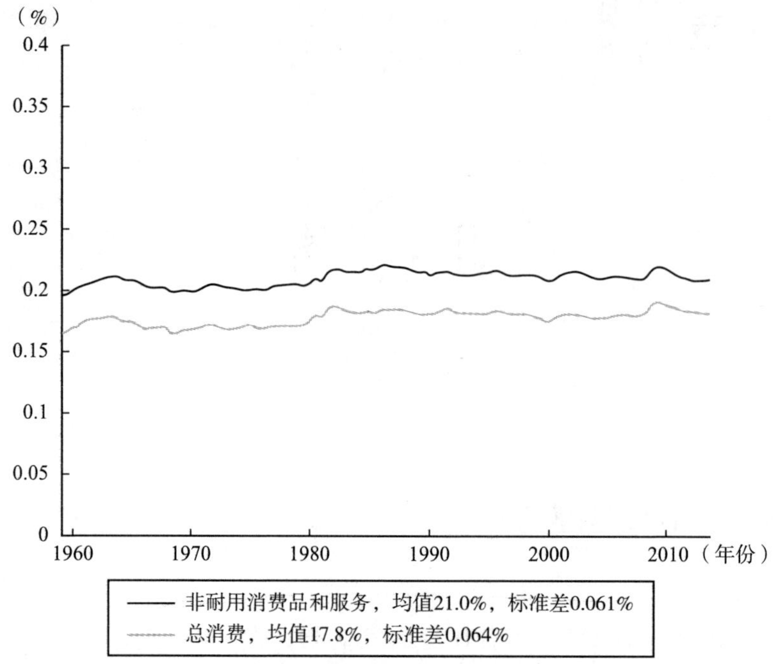

图 1.1 美国家庭的居住与耐用消费品支出

资料来源：Piazzesi M，Schneider M. Housing and macroeconomics［M］. Handbook of macroeconomics. Elsevier，2016，2：1547－1640；NIPA。

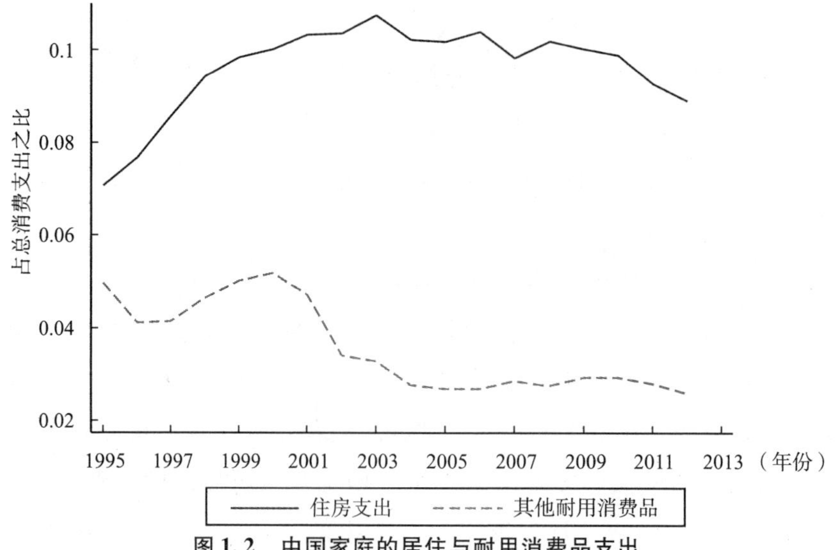

图 1.2 中国家庭的居住与耐用消费品支出

资料来源：国家统计局；Wind。

二、对于大多数家庭而言，住房还是最重要的资产

我们利用美国消费金融调查（SCF）数据计算了1992—2007年住房在美国家庭总资产中所占的份额。如表1.1所示，住房占家庭非金融资产之比高达55.5%～58.8%，占家庭总资产比例超过35%。相比之下，债券这类典型的金融资产，仅仅占普通家庭总资产的10.3%～12.8%，明显小于住房的占比。

表1.1　　美国家庭住房资产在总资产配置中占比　　单位：%

资产配置	1992年	1995年	1998年	2001年	2004年	2007年
房产占家庭非金融资产比例	55.5	55.5	55.5	55.0	60.2	58.8
房产占家庭资产比例	38.0	35.1	32.9	31.8	38.6	38.8
证券占家庭总资产比例	10.3	12.7	16.0	16.1	13.4	12.8

以上讨论的是时间序列维度上住房资产占比的情况，我们可能对不同财富水平的家庭所持有的住房资产的状况更感兴趣。图1.3引用了坎贝尔（Campbell，2006）对处于不同财富水平上的家庭的资产配置研究，我们发现，除了资产最少的家庭（小于30%分位点）和最富有的家庭之外，住房是美国家庭拥有的最重要的资产，其占比约为40%～60%，远高于排名第二的普通股。

中国目前还缺乏像PSID或SCF这样时间序列长、覆盖面广的有关家庭（住房）资产情况的调查，不过，我们还是可以从近年来有关家庭资产配置状况的研究中一窥住房在中国家庭资产中所占的比重。根据清华大学发布的2010《中国消费金融与投资者年度教育报告》，房产占中国家庭总资产的比例超过70%，而根据2015年《中国家庭金融调查》的数据，中国“中产阶级”的财富在房产上的配置比例为69.2%。两项统计都已经超过了美国房地产泡沫高峰时期（住房占比）水平。

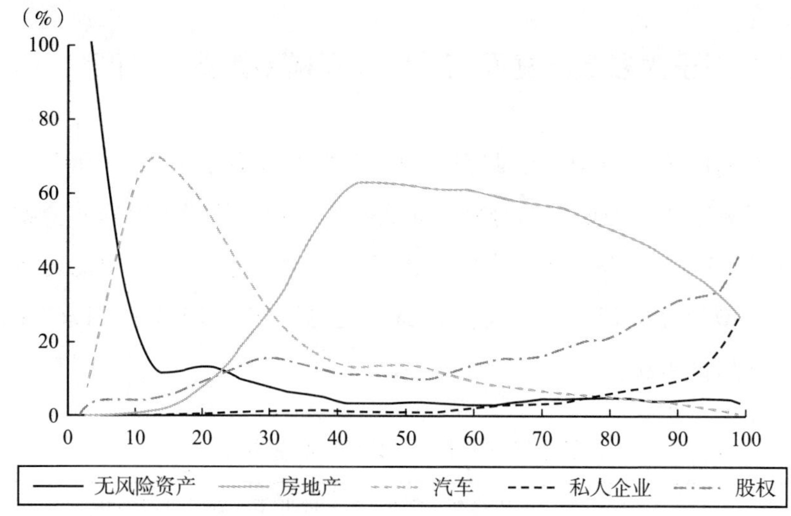

图 1.3　美国家庭金融资产组合（2001）

资料来源：Campbell J Y. Household finance [J]. The journal of finance, 2006, 61 (4): 1553 - 1604; SCF2001。

三、住房需求具有明显的生命周期特征

现实中，家庭享受住房服务有两种形式：租房和拥有自有住房。年轻人在刚刚步入社会时，往往由于各种原因而不愿意或者无法购买自有住房，所以一开始往往选择租房。而随着年龄的增长，收入水平和资产的不断增加，家庭可以选择购买自有住房，并且一般会一直保持这一状态①，我们将这种从租房到购房的过程称为“住房需求的生命周期特征”。为了考察这一特征，经济学家计算每一年龄组拥有自有住房家庭的比例，我们将这一结果称为家庭“住房拥有率”(Homeownership)。

图 1.4 展示了美国 2000 年之后的住房拥有率情况。我们发现：从 25 岁到 50 岁这个年龄段，家庭的住房拥有率经历了一个明显的上升过程，

① 当然，家庭很可能会更换居住的住房，比如从较小的公寓搬入独栋的别墅，或者面积更大的“改善型”住房内（中国的情况），但是很少有家庭再由业主（homeowner）转变为租客(renter)，这也就是我们所说的“保持（业主）的状态”。

从不到30%增长到超过70%，而在50岁之后；住房拥有率曲线变得比较平坦，这暗示着家庭不再频繁地改变自己的住房类型（自住还是租房）。

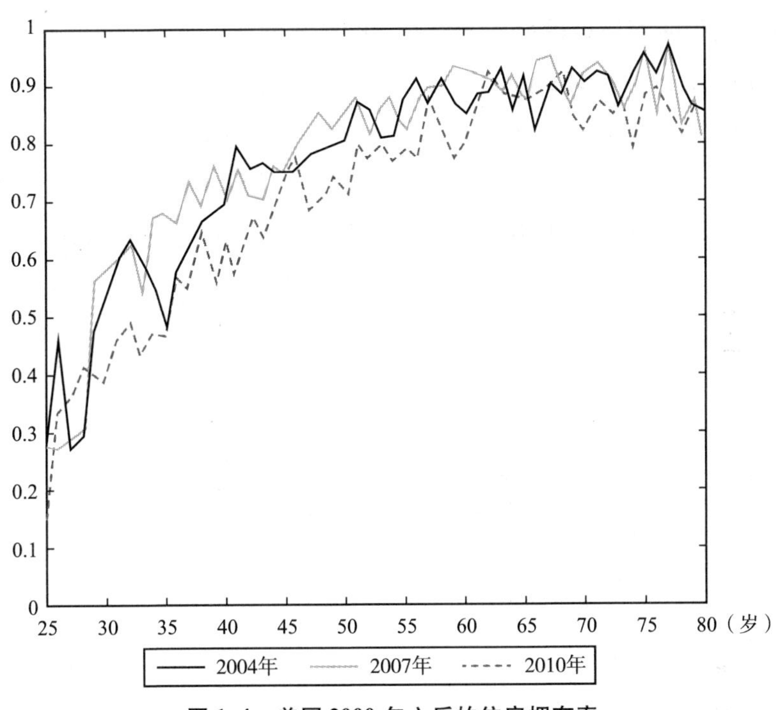

图1.4 美国2000年之后的住房拥有率

资料来源：Davis M A，Van Nieuwerburgh S. Housing，finance and the macroeconomy［R］. National Bureau of Economic Research，2014；SCF。

相对应的，我们利用2013年中国家庭金融（CHFS）调查数据，计算了不同类型的中国城市家庭的住房拥有率水平，包括城市户籍家庭，城市非户籍家庭，城市移民家庭和城市非移民家庭，并展示在图1.5中。我们可以清楚地看到，除非户籍家庭之外，其他类型家庭的住房拥有率曲线的变化趋势十分相似，都是从25岁的50%左右上升到35岁的80%以上。这说明对于此部分中国家庭而言，无论是住房拥有率水平还是攀登“住房阶梯”的速度都要明显超过美国。但是对于城市非户籍家庭，也就是居住在城市中但没有当地城市户籍的家庭，其住房拥有率无论从绝对水平还是

“攀登”速度，都与其他三类家庭存在着明显的差距：在35岁时，该类家庭的住房拥有率只有50%左右，而直到50岁，这类家庭才在住房拥有率水平上“追上”其他家庭。那么，是什么导致了这种差异呢？一些“显而易见”的解释包括：非户籍家庭的收入更少，受教育水平更低，工作稳定性更差，流动性更强等。那么，在我们控制了这些因素后，图1.5所显示的这种住房需求生命特征上的差异是否会继续存在？户籍制度和它所代表的各种对非户籍家庭的制度“歧视”是否在其中扮演重要的角色？我们将在第三章中运用CHFS家庭微观调查数据，对这一问题进行深入的分析。

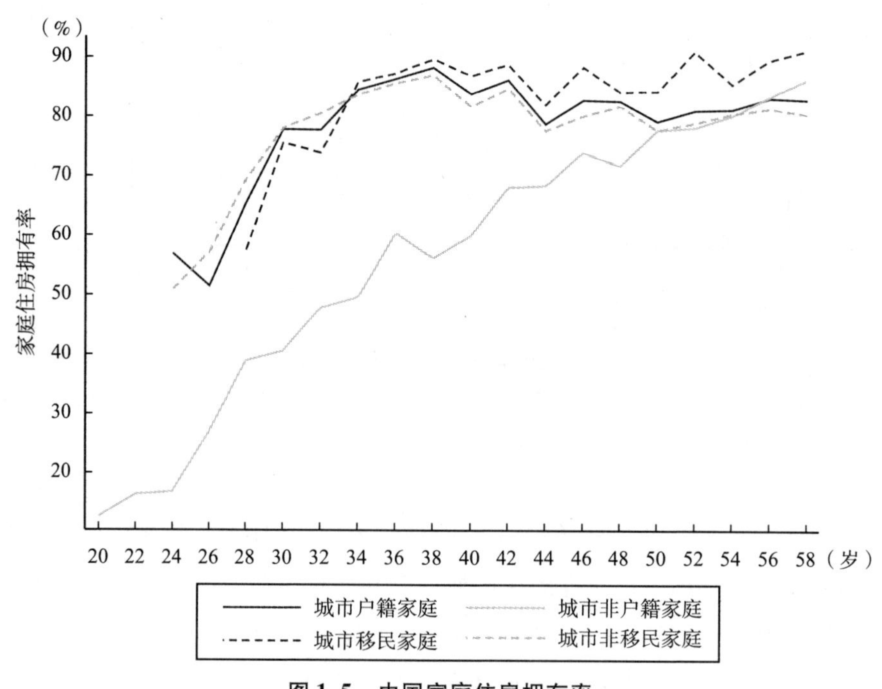

图1.5　中国家庭住房拥有率

资料来源：CHFS2013。

此外，家庭在现实中选择住房服务面临一系列的约束条件，如信贷约束，购买住房的调整成本，收入不确定等。第二章，我们在一个动态随机模型中纳入这些现实因素，来刻画家庭购房的“离散选择”行为，并成功地复制出家庭住房需求的生命周期特征。

第二节 住房的双重属性与“无套利”理论

在上一节中，我们利用美国和中国的数据，揭示了住房作为一种消费支出和资产，在家庭的总消费和资产配置方面占据的举足轻重的位置。这一事实也反映出住房与一般的消费品或金融资产的不同：它既是消费品，同时也是金融资产。我们可以从经济学理论角度分析这一现象：一方面，住房具有耐用消费品一样的属性，因为家庭可以在多期内从住房获得居住服务流（Service flows）。另一方面，住房也具有金融资产的属性，这体现在家庭购买住房时会考虑未来出售住房可能获得的资本增值收益，甚至一部分家庭完全是为了获得资本收益而购买住房，这也构成了住房的“投资性需求”。同时，家庭可以通过将住房作为抵押品从金融中介获得贷款，来为创业、消费等经济活动进行融资。

一、“空间均衡”理论

在早期房地产经济学的研究中，住房的这种“双重属性”并未得到充分的重视。经济学家在研究住房需求和价格关系时，往往将房屋视作同质的普通商品，在这种情况下，住房之间唯一重要的区别就是区位所带来的不同的便利（amenities），因此他们在建模的过程中强调的往往是“空间均衡”。具体而言，尽管不同城市和城市内部不同区位给家庭带来的效用有很大区别，但住房价格会自动调整到均衡水平，使得家庭在选择不同地点的住房方面不会表现出差异（Indifferent），或者说，家庭在选择不同地点的住房方面不存在套利机会，因此这一理论也称为住房的“空间无套利”定价理论。举一个更加现实的例子，杭州西湖风景区周围的别墅因为风景秀丽而给居住于此的家庭带来更多的效用，同时价格也比其他区位的住房更高。

尽管“空间均衡”理论在解释房价和便利因素的正相关关系方面取得了一定的成功，并且成为之后研究的基础理论，但是它也存在明显的缺陷，最主要的就是遗漏变量问题。比如，我们可以将“空间均衡”理论下的住房定价公式写成方程（1.1）的形式，其中 R_i 代表地点 i 的住房服务价格（可以是房价，也可以是租金），Y 代表家庭收入，而 A_j，$j \in 1, \cdots, J$ 代表一系列的“便利”，如新鲜的空气，适宜的气温，便利的交通，良好的治安状况等。在“空间均衡”理论下，我们有如下的等式：

$$U(Y_i - R_i, A_j) = \underline{u}, \ j \in 1, 2, \cdots, J \tag{1.1}$$

对方程（1.1）中的变量求全微分后，我们可以得到：

$$dR_i = dY_i + \frac{1}{U_1}\sum_{j=1}^{J}\frac{\partial U}{\partial A_j} \cdot dA_{i,j} \tag{1.2}$$

显然，我们很容易利用这一表达式对房价进行比较静态分析，比如方程（1.2）可以写成下面的形式：

$$R_i = \beta_0 + \beta_1 \cdot Y_i + \sum_{j=1}^{J}\beta_i \cdot A_j + \varepsilon_i \tag{1.3}$$

但现实中，有一些便利因素是我们无法观测或者很难定量测度的，比如当地人是否具有“排外”心理等。此外，不同的家庭，愿意为同一“便利”支付的“对价”也不尽相同，这体现为 A_j 系数的不同。因为以上两个原因，“空间均衡”模型下对住房服务价格的预测显得比较粗糙，换言之，尽管这一理论能够预测 A 地比 B 地的房价要高，但是无法回答 A 地现在的房价与其“基础价格”相比是过高还是过低，当然也无法回答“当地房价是否出现泡沫”这样的问题。

二、“购—租无套利”理论

研究者为了解决“空间无套利”模型对房价预测能力较弱的问题而开

始寻找新的方法。他们注意到，家庭有两种获得住房服务的方式：（1）租房，购买当期的住房服务并支付房租；（2）购房并成为业主，然后在随后的多期内享受住房带来的服务。这种条件下，购房和租房的关系类似于证券市场中购买股票和获取分红的关系。在现代金融理论中，股票的理论价值等于未来所有分红的贴现值。类似的，如果租房和居住在自有住房给家庭带来的居住服务是无差异的，那么房价就应该等于未来房租的贴现和，否则家庭就会选择更便宜的“居住”方式，从而产生“套利”。

最早研究“购—租无套利条件”的文献可追溯到波特巴（Poterba，1984），他试图回答的问题是：在美国的税收体系下，预期的通货膨胀对均衡房价和住房存量有什么影响？在论文中，他同时建立了需求和供给双方的价格决定模型，但最引人注目的是需求方的均衡条件，他称之为居住成本（User Cost），可以写成如下的形式：

$$R = [\delta + \kappa + (1 - \theta)(i + \rho) - \pi_H] P_H \tag{1.4}$$

其中 R 代表租金，δ 代表折旧率，κ 代表维护成本，θ 代表所得税率，i 代表利率，ρ 代表物业税率，P_H 代表房价，π_H 代表房价升值率。①

这个关系成立必须满足两个条件：（1）交易者持有理性预期；（2）除了已列出的因素外，不存在其他市场摩擦和交易成本。在这两个条件下，该关系必须时时成立。然而这只是一个当期条件，如果经过简单的推导，我们就能将当期房价写成未来无穷期房租的贴现和，这个公式和资产定价理论中的股权定价公式（Gordon 公式）十分相似，不过，在这里股息换成了租金。

$$p_{H,t} = \sum_{j=0}^{\infty} \frac{R_{t+j}}{(1 + i + \rho + \delta)^{j+1}} \tag{1.5}$$

观察上面的表达式，可知，当期房价完全由未来的房租水平和其他影响因素所决定，其中税率、维护成本等参数基本保持稳定，房租有变化，但是基本上可以假定其遵循一条平稳的增长路径，如格莱泽（Gleaser，

① 具体可以写成 $E[P_{H,t+1} - P_{H,t}]/P_{H,t}$。

2007)，其主要驱动作用的外生变量是利率和预期房价升值水平。波特巴通过对当期条件进行适当的比较静态分析之后得出结论，在存在所得税抵扣的条件下，20 世纪 70 年代的高通胀预期，显著地压低了居住成本，从而抬升了房价。

传统的区域或城市经济学家对引入这类无套利条件的态度是矛盾的，《区域和城市经济学手册》中写道：“（无套利条件或居住成本模型）势必排出了许多城市经济学家认为对房价有重要影响的特征，[①] 然而它对房价具有更强的预测力，因此在 20 世纪 80 年代之后的研究中被广泛地使用”。

任何理论都必须经过实际数据的检验，无套利条件也不例外。波特巴（1991）对自己的模型进行了检验，有趣的是，他并没有直接检验条件本身，而是检验了这一条件的某个横截面上的推论：由于不同的所得税抵扣优惠程度，20 世纪 70 年代的高通胀预期使得高收入者在购房时享受相对于中低收入者更高的优惠，从而推高了高档住房的需求；20 世纪 80 年代开始的税收改革导致高收入购房者享受的优惠下降，从而又相对压低了高档住房的需求（和房价）。他利用美国住房市场的微观数据，先用对数房价增长率对表示房价分布的虚拟变量和通胀预期以及它们的交叉项进行回归，然后对感兴趣的系数的显著性进行了检验，结果证明系数具有显著性，证明了上述推论在实证角度是成立的。

然而，上述研究并不能必然地证明无套利条件成立。在现实的房地产市场上，式（1.4）所赖以成立的条件经常被违背，大量的研究表明购房者的预期往往不是理性的，而是类似于适应性预期；而房产的交易中存在着大量的交易成本；同时这个模型也是不完整的，比如缺乏风险溢价项；[②] 房地产市场参与者随时面临着各种冲击，从需求方的收入冲击，到

① 如区位，住房附近的基础设施，邻里特征等。

② 购买住房意味着在未来面临资产的波动，以及可能的资产巨额损失的风险，近年来也有文献认为购房成为自住者是一种对冲租金风险的方法，不过直觉上而言，房价的波动远大于租金波动，似乎正的风险溢价更合理。

供给方的冲击，等等，这些因素往往使得无套利模型至少在短期内无法成立。在实证上，无套利条件（或居住成本模型）中一些关键数据很难获得，比如说很难获得高质量的租金数据（格莱泽，2007），更不用说对这些数据进行稳健性讨论。格莱泽（2007）用房价升值率、租金与居住成本[①]缺口进行回归，得到的系数为负，这与无套利条件的预测相悖。通过观察不难发现，所谓的无套利模型事实上是从完全市场中的理性预期条件推导出来的，尽管具体表达形式有区别，但是无套利条件和房地产市场有效性两个问题实际上十分相似。过去 20 年，大量的文献针对房地产市场的有效性进行了研究，这些文献大多拒绝了房地产市场有效的假设。

我们认为更合理的一种处理方式是将无套利条件推导出的房价视作一个"均衡的房价水平"。尽管真实的房价会因为各种冲击围绕这个均衡水平上下波动，但是它们总有一个像均衡水平回归的趋势，这与恩格尔（Engle）所提出的误差修正模型（ECM）的思想有相似之处。梅恩（Meen，1996）就是这种观点的代表性文献作者，其在文中提出，无套利条件（在放宽假设的条件下）并不需要时时刻刻成立，只要无套利条件中的变量间存在协整关系，那么也可以认为在某种程度上这个条件是成立的。作者分析时首先在静态无套利条件下定义了一个房价的偏离：

$$\dot{P}_H = \upsilon P_H - R(H)$$ [②]

其中 $\upsilon = [\delta + \kappa + (1 - \theta)(i_t + \rho) - \pi_H]$，代表单位居住成本，作者通过研究这个价格决定的动态方程中变量的平稳性性质发现，房价变动 $\dot{P}_H$ 是平稳序列 I(0) 过程，而 υ 中变量只有实际利率是具有较大波动性的，然而正如作者所言，"很难认为实际利率不是一个平稳序列"，因此可以认为 υ 是一个 I(0) 过程。这样，要使整个组合构成协整，必要条件是 P_H 和 R(H) 是同阶的，其中 R(H) 的数据并不容易直接获得，作者通过把租金表达成一系列相关因素（住房存量，居民数量，收入水平，财富水平）

① 它定义的居住成本略微不同于波特巴（1984，2000），不包括房价升值部分。

② 原文中表达略有差异，为了与上文保持一致，在这里采用的是波特巴（1984）的表达式。

的线性组合来解决这个问题，并利用英国房地产市场数据证明了这个价格决定动态方程存在协整关系。作者在论文接下来的部分还检验了住房供给动态方程的协整关系，结果表明，不但供给需求决定方程各自具有协整性，而且后者还给出了对英国20世纪80年代初到90年代初新房开工市场一个“可接受”的预测。综上，无套利条件至少是为房地产市场长期均衡提供了一个基础性的描述。

三、金融无套利条件

空间无套利条件和购—租无套利条件过于关注房地产市场的消费属性，并且基于房地产市场有效的视角分析，存在一定程度的局限。为了更好地分析房地产市场的非有效性，学者们更为关注房地产作为金融资产的投资属性，进一步提出了金融无套利条件。具体而言，当只考虑房地产的金融资产属性时，在考虑到住房持有和交易住房资产所发生的费用（如房地产税、住房维护费用、交易契税等）之后，对家庭而言，投资住房和投资其他金融资产所带来的资本收益应该是相似的，否则两个市场之间就会存在套利机会。卡斯和席勒（Case & Shiller，1989）的论文比较早地提出了住房与金融资产之间的紧密联系。拜尔等（Bayer et al.，2010）首先为采用金融无套利方法研究住房市场进行了正名：尽管与其他金融资产相比，住房存在很大的交易成本，但是作为住房投资的主要“债权人”，提供抵押贷款的商业银行和其他金融机构有很强的动机和能力保证住房价格处于一个合理的水平上。之后，作者从资产定价的视角考察了住房市场。作者认为，与其他金融资产一样，住房的超额收益率也取决于两种风险：国家层面的宏观风险和城市层面的特异性（idiosynatic）风险，而其他与个体住房有关的风险并不能成为住房价格的风险超额收益的来源。艾斯和洛佩兹—萨利多（Arce & López - Salido，2011）基于金融无套利均衡条件研究了房地产的泡沫问题，构建了一个家庭面对抵押贷款为约束的生命周期模型，发现更强的抵押贷款约束下更容易产生泡沫，但是在面对资金短缺冲击时具有更低的脆弱性；此外，还分析了模型的多重均衡性，以及泡沫条件下资产价格的高波动性和福利影响。

四、对套利理论的评价

与住房需求和房价的早期研究相比，“购—租无套利”和“金融无套利”理论吸取了金融经济学中成熟的研究方法，具有相当坚实的微观基础。更重要的是，这两个理论能够对“住房价格是否处于合理区间”这一重要的理论和政策问题给出可供检验的假设，从而有力地推动了有关住房需求的实证研究。

与任何试图解释复杂经济现象的经济理论一样，“无套利条件”从诞生之初起就开始面临各种实证研究带来的挑战。格莱泽和尤吉科（Glaeser & Gyourko，2007）认为，由于住房交易市场存在更大的“摩擦”，所以支持“无套利条件”成立的环境很可能并不能得到保证。这些摩擦包括：（1）租房主体和自有住房主体在收入、年龄等方面的差异性可能会导致在选择住房服务方面的差异；（2）出租的住房和自住的住房在位置和面积方面具有差异，比如，在美国，自住的住房往往位于市郊，面积较大，而出租的住房位于市中心，面积较小。奥卡瑞伦（Oikarinen，2008）针对在实证研究中如何更好地检验“购—租无套利条件”给出了一些建议。[①]需要说明的是，以上实证分析更多针对无套利条件的可预测性，而在一个充满摩擦的市场中，任何一种无套利条件都不可能严格地成立，但同样不能否认，它们决定了资产的长期动态；学者们较一致地认可，至少在很大程度上，房价的调整是趋向于奥卡瑞伦（2008）的无套利条件，因为它代表了市场长期的均衡关系。

在论文的第四章，我们将本节中考虑的住房的“无套利条件”置于一

① 如在高通胀环境下应该使用预期房价升值水平的真实值而非名义值；尽可能地搜集房屋维护成本的时间序列数据而非假设常数值；使用扣除维护成本的租金值等。

个动态随机一般均衡的框架下，来考察房价的动态过程。我们发现，由于房地产所拥有的金融资产属性，其市场需求可能会违背一般的市场供求规律，即房价增长率越高，人们对住房的需求可能越大。利用中国的统计数据，我们对中国的房地产需求进行了计量分析，发现更高的房价增长率确实能带动房地产需求。随后的动态分析表明：房价与股票价格一样，不仅其行为难以预测，同时，也极易被操控、炒作和投机。这使得房地产市场很容易产生泡沫，而任何泡沫积累到一定程度，都极其容易破裂，而且泡沫越大，其破灭时所产生的破坏性越大。

第三节 中国的住房改革

与西方国家相比，中国的住房市场和房地产产业从来就不是在一个完全市场化的环境中发展起来的。从改革开放之前完全由国家垄断的城市住房供应，到20世纪80年代至90年代在住房改革领域的不断探索，从1998年实施的住房改革，到过去十多年中央政府对房地产市场的频繁干预，任何对中国住房市场的研究都必须考虑到市场背后所蕴含的制度背景鉴于此，我们在本节中对中国过去60年住房市场的制度变迁和改革进程做一个比较详细的梳理。

一、中华人民共和国成立到改革开放之前

中华人民共和国成立之后，国家住房政策的指导思想深受马克思、恩格斯有关工人住宅问题论述的影响。恩格斯在其《论住宅问题》[①] 一文中明确反对工人拥有私有住房，他认为“对于（德国大城市）工人来说，如果让他们有自己的房屋，把他们重新束缚在土地上，那就是破坏他们反

① 《马克思恩格斯文集》第3卷，北京：人民出版社，2009.

抗工厂主压低工资的力量”。同时，他还认为现在各大城市中有足够的住房，只要合理使用，就可以立即解决现实中的“住房短缺”问题。当然，要实现这一点，就必须剥夺现在的房主的住房，或者让没有房子住或现在住得很挤的工人搬进这些房主的房子中去住。这些论断，为中华人民共和国前30年的住房政策奠定了基调。

早在1948年，中共中央就公布了《关于城市公共房产问题的决定》，确定了住房福利化的基本原则，并提出了“以租养房”的原则，即租住者必须缴纳租金用于房屋维修和管理以及投资新建房屋的资金储备，但租金标准不能成为劳动者的经济负担，并确定了公房租金的指导价格。然而这一政策并未得到长期落实，中华人民共和国成立后，各单位从自身利益出发纷纷调低职工缴纳的租金比例，[①] 以至于低于住房正常的维护费用，使得“以租养房”难以为继。到了1957年，全国城市基本上形成了一种“高福利、低工资、低租金”的住房模式。

为了改善原有城市居民的居住条件，并且满足新进城工人的住房需求，政府主要从两方面入手解决住房的供给。首先，在“一五”“二五”期间，加大投资，新建了一批“工人新村”并对原有贫民窟进行了改造。以上海为例，1950—1966年底，政府住宅建设投资为5.22亿元，占同期固定资产投资总额的5.4%，共建成公有住宅895.25万平方米，平均年建成面积在50万平方米以上，有18.6万居民搬进居民新村，居住条件大为改善。[②] 其次，国家还没收了一大批原属于官僚地主的房产，据1956年的不完全统计，北京市私房产权占房产总数的54%，天津54%、上海80%、济南78%、沈阳36%。之后的10年间，全国共改造私房1亿平方米，私营企业所占用的土地连同房屋也由国家以赎买的方式归为国有。[③] 随之建立起来的，是一套政府主导的带有浓厚计划经济色彩的住房供给、

①② 黄兴文，蒋立红．住房体制市场化改革——成就、问题、展望［M］．北京：中国财政经济出版社，2009.

③ 郑华．中国房地产政策研究——堵漏、体改、维权［M］．北京：电子工业出版社，2004.

管理体系。城市土地归国家所有，企事业单位根据自身职工需求向政府申请土地建设公有住房后进行分配，“要房子，找单位”几乎成为城市居民实现住房需求的唯一途径。

“高福利、低工资、低租金”的住房指导思想与僵化的住房管理体制，一方面增加了国家现有住房补贴的负担，另一方面使得社会主体（主要是各类单位）缺乏进行新建住房投资的动力，加之“文革”期间的破坏，造成了新建住房的严重不足，供给和需求出现严重的不平衡：1952—1978 年中国包括农村住房在内的住房总投资仅占同期基本建设投资的 7.5%，仅占 GDP 的 0.7%。住房投资严重不足导致 1970 年末全国主要城市都面临住房严重短缺问题。1978 年城市住宅面积为 14 亿平方米，人均居住面积由 1950 年的 4.5 平方米下降到 3.6 平方米（人均建筑面积为 6.7 平方米），缺房户 869 万户，占当时城镇总户数的 47.5%。

二、改革开放后的初步探索

改革开放后，面对居民住房紧缺，政府负担沉重的局面，中共中央开始探索进行住房政策的改革。1980 年，邓小平作了著名的《关于建筑业和住宅问题的谈话》，提出“住房商品化”“分期付款”“以租促售、变暗补为实补”等原则，为住房改革破除了思想方面的障碍。此后，住房改革开始在全国开展起来。根据陈杰（2012），1980—1997 年的住房改革可以划分为两大阶段。第一阶段是 1980—1987 年的改革，可以归纳为“地方局部实验性增量改革”，其主导思想是尽快甩掉住房补贴这一沉重的财政包袱，然而其结果却并不令人满意。1980—1986 年实施的各种“补贴售房”试验响应者寥寥，最终在 1986 年 3 月被叫停。而 1986 年开始的“以租促售”，虽然已经有了部分“货币化分配”的色彩，但是，由于它将政府的“住房补贴”负担过度转接到单位企业头上，制约了企业自身的发展。总体上，这些住房改革措施并未在根本上动摇“福利性住房分配制度”的主体地位。第二阶段改革从 1988 年到 1997 年，可以归纳为“全国性房改”，这期间中央政府不再主动作为创新制度的“供给者”出现，而是鼓励地方政府发挥主观能动性和创造性，采取政策创新等多种形式推进住房制度改革，改革的内容突出体现为“以售带租”，房租加速上调。但随后1992年在部分地区出现的房地产投资过热，房价飙升，以及1993年各地出现的低价出售公房的现象，导致1993年底国务院叫停公房出售，1994年初停止审批地方性房改方案。“以售带租”的房改到此也宣告终结。此后，房改总体进展缓慢。

三、1998年住房改革

1998年之前住房改革试验不甚成功，究其原因，很重要的一点是中央政府、地方政府、企业和居民（职工）多方主体的激励不相容：中央政府最初的目标是甩掉住房补贴所带来的沉重的财政负担，一个重要的途径就是将这种负担向地方政府和企业转嫁，但这又与后两者追求经济增长和经济效益的目标相悖，同时政府、企业主导的福利住房体系又偏离了居民的住房需求。1998年的东南亚金融危机为进一步改革提供了一个历史性的契机。在面对传统的增长引擎——对外出口缩水的情况下，为了应对危机，扩大国内需求，把房地产业尽快培育成为新的经济增长点已经成为中央政府的共识，[①] 同时“保增长”也是从中央到地方再到企业共同的要求。然而，横亘在发展房地产产业面前的一大障碍是固有的“福利性”住房分配制度，在这种制度下，居民缺乏购买商品住房的意愿，为此，改革旧有住房体制已刻不容缓。

1998年7月，国务院颁布的《关于进一步深化城镇住房制度改革加快住房建设的通知》（以下简称“23号文件”）在中国的住房改革进程中具有历史性意义。“23号文件”明确提出，停止住房实物分配，逐步实现住房分配货币化的目标，这促使城镇住房制度改革真正触及核心，职工和

① 房地产行业有产业链长的特点，在拉动内需方面有其特殊的优势。

企业之间的住房纽带被切断，为彻底告别旧的福利分房制度创造了条件。此后，市场代替政府和企业成为住房的主要供应来源，中国的住房制度发生了根本性的改变。

2003 年全国首次房地产工作会议召开，首次提出房地产业对国民经济的支柱产业作用。会后下发的《通知》，认为房地产业关联度高，带动力强，已经成为国民经济的支柱产业，明确提出要保持房地产业的持续健康发展。①

四、住房改革取得的成就

从如下数据中可以看出（见图 1.6），1998 年开始的住房改革促进了城

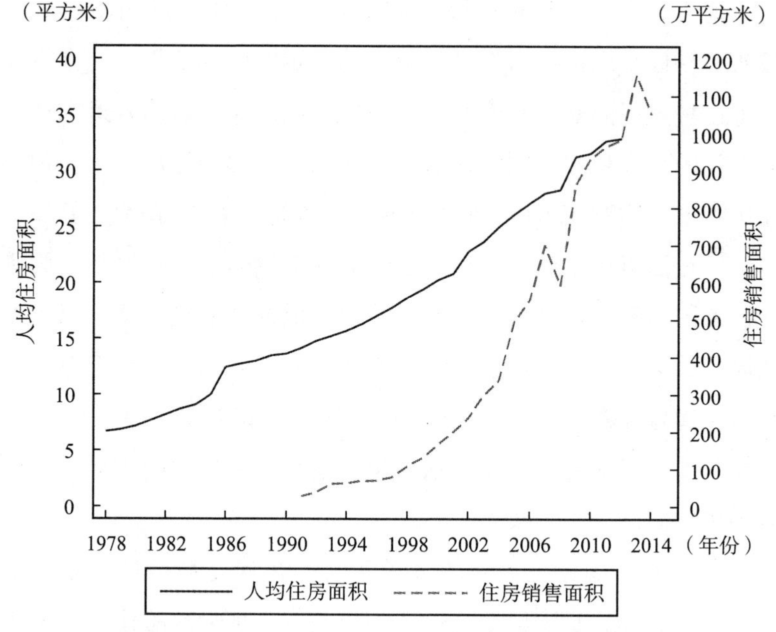

图 1.6　中国城市人均住房面积与住房销售面积

资料来源：国家统计局，Wind。

① 陈杰．中国住房制度改革与变迁［EB/OL］.（2012－04－13）［2012－04－13］. https：//www. docin. com/p－1556167406. html.

市住房建设：1991 年全国城镇商品住房销售面积仅为 27.45 万平方米，到了 2014 年，这一数字猛增到 1051 万平方米，24 年中增加了 40 倍。同时，住房改革极大地改善了居民的住房条件。城镇居民的人均住房面积由 1978 年的 6.7 平方米，迅速增长到 2010 年的 32.9 平方米，30 年间增长了近 4 倍，平均年增长率为 5.2%。如果考虑到这一快速增长还是在中国同期快速城市化，城市人口大量增加的背景下取得的，无疑该成就令人赞叹。

住房改革之前，我国住房供应不足的一个重要原因是住房建设投资严重不足，其在整个 GDP 中的比例长期徘徊在 1% 以下。住房改革之后，住房供给主体由政府和国有企业转向房地产开发企业，全社会对房地产和住房的投资热情被极大地调动起来（见图 1.7）。据国家统计局资料显示，全国房地产投资额从 1998 年的 36.14 百亿元暴增至 2014 年的 950.35 百亿

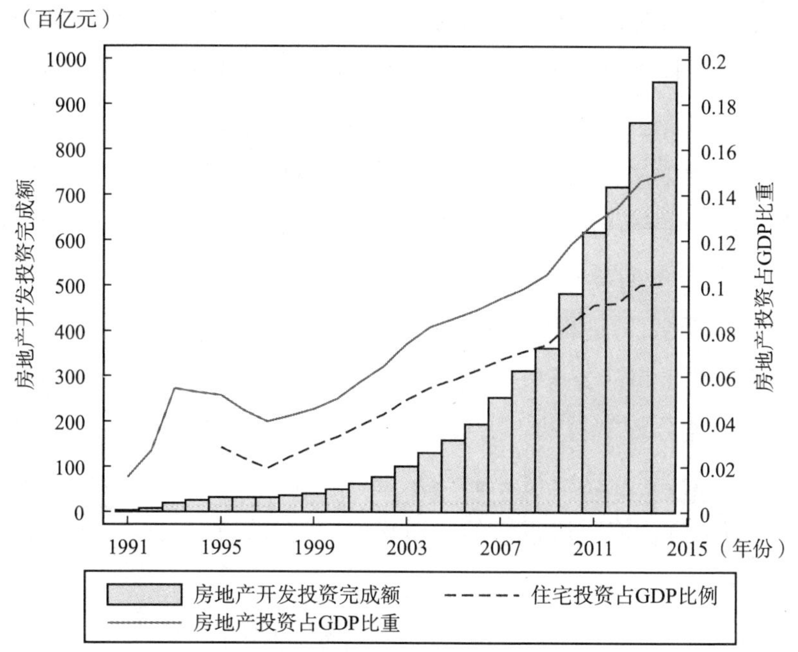

图 1.7 房地产开发投资

资料来源：国家统计局，Wind。

元，16年间增长了24倍；同时住宅投资从1998年的20.81百亿元增加到2014年的643.52百亿元，16年间增长了30倍。这一趋势同时表现在房地产投资占GDP比重上：1998年，房地产总投资和住房投资额占GDP比重均低于4%，而到了2014年，两项投资的GDP占比分别达到14.9%和10.1%。房地产产业已经逐步成为国民经济发展的支柱和动力，从而逐步实现了当初住房改革时代中央的期望。

五、住房改革未解决的问题

虽然1998年推行的住房改革取得了巨大的成就，但它仍是不完全的。改革中的一些问题没有得到妥善的解决，归纳起来，主要有如下几点。

（一）未能有效解决住房分配领域的不平等

在福利分房时代，城市家庭的住房由于单位类型、职务级别、政治面貌、工龄甚至性别而存在着大量的不平等现象，并造成了住房闲置与住房紧缺并存的局面。1998年的住房改革在具体实施过程中，大部分地区采用了“老房老办法，新房新制度”的方案，即基本保持原有存量住房分配格局，在新增住房部分采用货币补贴，同时在二手房交易过程中对超标部分的收益，再向单位和个人进行分配，从而实现住房分配的“公平化”。然而在随后的进程中，这一设想并未实现，各地方政府为了活跃二手房市场，对上市的公房往往免征各类交易税，甚至没有严格地执行原来设想的“收益分配”办法，上市公房的卖家也很容易采取各种手段规避这种“收益分配”，这使得原有的家庭住房的不平等状况未得到扭转。[①]同时，“新房新政策”所承诺的货币化的住房补贴往往得不到落实，[②] 尤

① 不同地段、不同建筑年代的住房，在二手房市场上的价值可能相差数倍。

② 在福利分房时代，全国每年的住房补贴往往超过1000亿元，按照房改最初的设想，这部分资金将以货币分房的形式分配给职工，但是根据《财经网》的报道，截止到房改完成后的2003年，全国各省份（不含港澳台地区）5年总计发放的住房补贴仅有几百亿元。

其对于某些经营困难的国有企业而言，这些补贴实在是难以承受的负担，微薄的住房补贴也往往难以覆盖迅速上涨的商品房价格，这又造成了家庭住房的“代际不平等”。事实上，1998 年住房改革可能是导致当代城市家庭资产乃至收入不平等的一个重要原因。

（二）改革不完整

虽然“23 号文件”明确提出了停止住房实物分配，逐步实现住房分配货币化的目标。但实际上，“类福利分房”的现象一直存在，尤其是在政府机关、事业单位和大型垄断性国有企业中，单位在自有土地上以各种名义建设“集资房”，并向员工低价销售的情况非常普遍。著名房地产开发商任志强曾直言：“在‘十五’‘十一五’期间，商品房开发用地只占 30%，约 70% 的土地供应事实上是给了保障性住房方面。……中央机关、各单位分房等，才是造成社会上财富转移、贫富差距等一系列问题的罪魁祸首。”[①] 姑且不论其数据是否完全可靠，但这至少反映出一个不争的事实，即某些带有福利分房性质的住房供应渠道依然广泛存在。到了 2010 年左右，随着北京、上海、广州等一线城市商品住宅价格的不断飙升，地方政府开始公开鼓励这种行为，如 2015 年 7 月北京市国土资源局明确表示，“……同时进一步鼓励国有企业利用自有用地建设自住房”。[②] 尽管类似举措有助于盘活部分闲置的土地资源，但是低价向本单位员工销售的行为无疑会增加城市家庭已有的住房不平等现象。

（三）保障房发展滞后

1998 年颁布的《关于进一步深化城镇住房制度改革加快住房建设的通知》（简称“23 号文件”）在推动住房商品化的同时，也注意到保障性

① 朱钰. 保障性住房去了哪里，又将向哪里去［EB/OL］.（2011 - 04 - 21）［2011 - 04 - 21］. http：//www. caijing. com. cn/2011 - 04 - 21/110697669. html.

② 郝帅. 国企建自住房将如何影响楼市：可能回到福利分房［N］. 中国青年报，2015 - 07 - 16.

住房的重要作用，明确提出不同收入家庭实行不同的住房供应政策。该文件强调，“建立和完善以经济适用房为主的住房供应体系”，不过这一供应主体在2003年8月《国务院关于促进房地产市场持续健康发展的通知》中变更为商品住房。这在一定程度上反映出住房改革前期中央关注的重点还是利用房地产产业的发展拉动经济。随后的事实也证明了这点，在商品住房投资建设快速增长，房价不断上升的同时，保障性住房的发展明显滞后，正如曾任1998年房改课题组组长的孟晓苏在2011年做出的评价，“1998年开始，保障房‘十年旷课’，从去年（2010年）开始才真正下力去建，需要恶补。”

造成保障性住房发展滞后的原因主要有两方面。

首先，对于作为保障性住房供应主体的地方政府而言，一方面普通商品住房开发不但能带动当地经济发展，还可以带来巨额的土地出让金收入；另一方面，建设保障性住房却需要巨额的财政补贴，其中大部分来自地方政府财政。[①] 同时，大量保障房的上市还可能“挤出”对商品房的需求，从而打击当地房地产市场。显然，地方政府本身对保障性住房没有太大热情。

其次，保障性住房在制度设计、具体分配方面存在缺陷。房改之初，地方建设的保障房名目多达十余种：限价房、经济适用房、廉租房、棚改房、安居房，等等，让人眼花缭乱，其中限价房、经济适用房等在一定条件下可以在二级市场进行交易，和普通商品住房界限模糊。某些政府机关利用这一特点，建设经济适用房后低价出售给职工，而某些地区的开发商甚至开发出使用面积超过100平方米的经济适用房，和普通商品住房没有明显的区别，这都为特殊利益群体寻租套利创造了空间。同时，保障房的分配环节问题频出，大部分城市将经济适用房的申请范围规定为“中低收入家庭”，显然标准过高，诸如“开宝马申购保障性住房”的报道屡屡见诸报端。而那些真正需要保障性住房的家庭却“无力购买”，也“无

① 中央政府对地方政府的保障性住房支出按大约3∶1进行配套。

望申请”。

2011 年在商品住宅价格飙升的背景下，中央开始重视保障性住房建设，并提出 2011 年完成超过 1000 万套保障性住房建设，“十二五”期间完成建设 3600 万套保障性住房的目标。前国家主席胡锦涛表示：“保障性住房建设是一项重大民生工程”，前总理温家宝在 2011 年夏季达沃斯论坛承诺：‘十二五’末全国城镇保障性住房覆盖面达到 20%。此后，保障性住房才开始进入较快发展时期，其效果如何，还有待观察。

第四节 中国住房市场的特征事实

从现实的数据中识别出“特征事实”（stylized facts）是进行经济研究的必要条件。在本小节中，我们简要描述一下中国房地产市场的特征事实。

一、房价整体快速上涨，偶有周期波动

首先，我们来分析房价的变动趋势，采用的数据是国家统计局发布的 70 个大、中城市房价指数（以下简称“NBS70”）和搜房网旗下的中国指数研究院公布的百城房价指数（以下简称“CREIS100”）。根据 NBS70，在我们的样本区间内（2005 年 7 月到 2014 年 12 月），全国房价上涨 56%。CREIS100 指数的样本期较短，在其样本期内（2010 年 7 月到 2014 年 12 月），该指数显示，全国平均房价上涨 6.5%。

此外，房价与其他消费品价格的比较也提供了一个重要的视角，使我们得到剔除全社会总体商品价格变动后的房价相对增长水平。如表 1.2 所示，住房与其他消费品在 2007 年 1 月至 2014 年 2 月间的价格增长率，可以发现，中国的住房价格增长率明显高于由 CPI 所代表的消费品价格平均增长率。在各种消费品中，食品价格的平均增长率最高，但

仍然明显低于房价的增长率。这印证了过去十多年中国房价确实经历了一轮高速增长。

表 1.2　　中国住房与消费品价格月度平均增长率比较　　单位：%

食品	烟酒	服装	家庭设备	娱乐教育	CPI	住房
1. 182	0. 164	0. 036	0. 127	0. 064	0. 440	1. 537

资料来源：国家统计局；中金公司。

从图 1. 8 中我们还可以发现，2005 年之后，尽管房价整体上呈现快速上升的趋势，仍大致经历了三个主要的调整周期（图中的方框区域）。第一次是 2008 年 8 月到 2009 年 2 月，房价连续 7 个月回调，这主要是美国次贷危机传导到国内，使得国内经济形势整体疲软所导致的；第二次是 2011 年 10 月到 2012 年 5 月，房价指数连续 8 个月小幅下跌，这次房价调

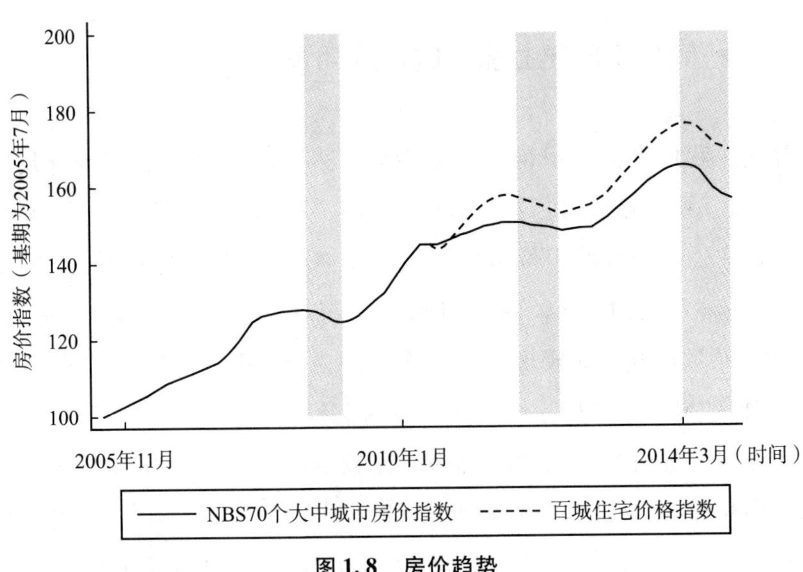

图 1. 8　房价趋势

资料来源：国家统计局；中国指数研究院。

整普遍认为是和2010—2011年国务院密集出台的多项房价调控政策[1]密不可分，这些政策主要从多套房购置条件、贷款利率、房产税和交易税角度出发，在短期内遏制了对住房的“过度”需求；第三次是从2014年5月开始到样本期结束为止，房价指数连续8个月出现下跌，与之前几次调整周期不同的是，此次房价指数下跌是在各类刺激住房消费政策出台的背景下出现的，这显示出房地产市场某些基础性的因素正在发生变化。此外，在前两次调整周期之后，房价呈现出一段加速上升的态势，这显示出2003年之后房价的长期上升并不只是周期性的，而是背后有长期趋势作为支撑。

然而，全国性的房价指数可能会掩盖地区性的差异，因此我们下一步利用百城房价指数来考察不同类别城市的房价变动趋势，如图1.9所示。

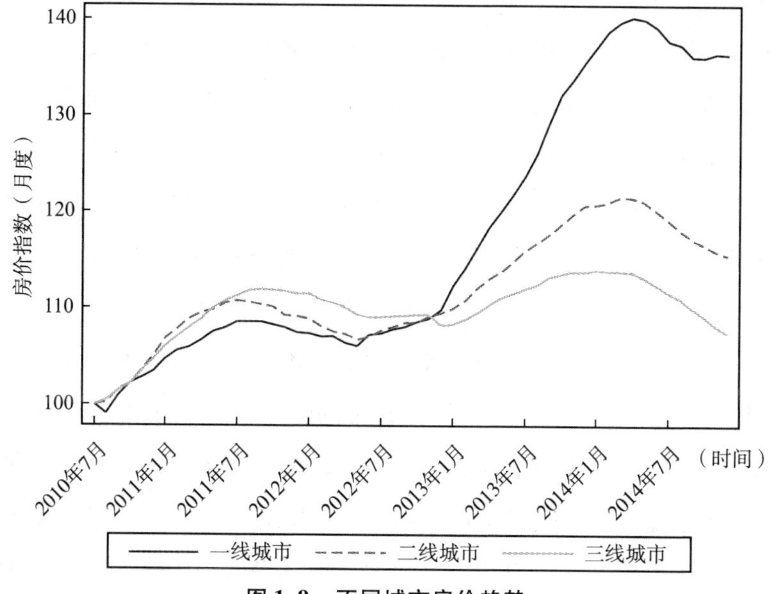

图1.9 不同城市房价趋势

资料来源：中国指数研究院；Wind。

① 主要包括：2010年1月颁布的“国十一条”，2010年9月颁布的“九月（房地产）新政”和2011年颁布的“新国八条”。

我们可以看出，在2013年之前，一线城市和二线、三线城市的房价变动趋势基本保持一致。但是从2013年初开始，不同类别城市之间的房价变动出现了明显的分化，一线城市的增幅明显高于二三线城市，并且在随后的房价调整过程中，更早地实现了企稳。

二、量价齐动，投资波动率大

简单分析完房价，我们接下来关注中国房地产市场“量”的方面，包括住房销售量、住房开工数量和住房投资。如图1.10所示，[①] 我们通过观察得出一些基本的事实：新房开工面积和住宅投资完成额的变动趋势有着紧密的联系；同时，住房销售面积同比增速是新开工面积的一个很好的“先行指标”，大约领先后者6~12个月；住房销售面积同比增速的波动性明显高于新开工数量和投资完成额的同比增速；另外，如果我们将住房销售量变动和房价指数放在一起分析的话，不难看出，整体而言，中国的房地产市场往往出现“量—价同向调整”的现象。以2011年9月到2012年5月的房价下行周期为例，在房价出现明显下跌的情况下，购房者普遍调整预期，“持币待购”心态盛行，从而导致交易量出现暴跌。[②] 而在调整周期末期，一方面，由于房地产开发商急于以降价提高销售量，从而改善自身流动性，另一方面，购房者也预期房价进一步下跌空间不大，开始进入市场，这导致了2013年住房交易量的猛增和房价的快速反弹。而在房价调整周期中，一个值得注意的现象是，尽管在国家放松住房政策的刺激下，住房销售同比增速从2014年下半年开始逐步回升，但是新开工住房面积和住房投资增速仍然维持在低位，而在图1.10所示的样本期期末

---

① 全国范围内的高频（月度）住房销售数据比较难获得，因此，我们采用中国指数研究院（CRESI）发布的40城市住房销售面积作为衡量住房销售面积的指标。由于该数据时间序列较短，因此我们将样本期限制为2011年1月至2015年10月。

② 另一个可能的原因是，同期在各大、中城市实施的限购，导致一些外来居民的购房需求被抑制。

(2015 年 8 月之后)，住房销售量增速已经出现回落，显示在这一轮房价调整周期中，房地产开发商仍然将主要精力放在“去库存”上，对新增住房投资的热情并不高，这似乎显示某些基础性的因素正在发生变化。

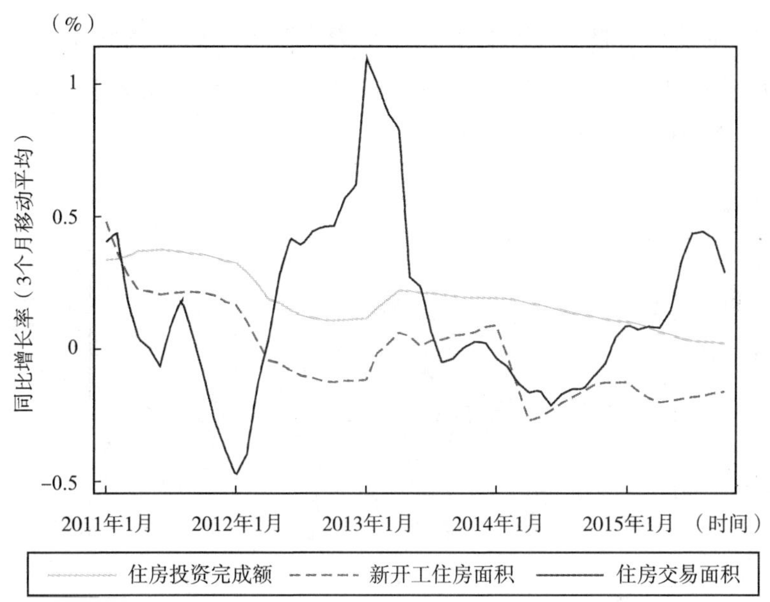

图 1.10　房地产投资与开发

资料来源：Wind。

除了房价的长期变化趋势，我们还关心房价的波动率，以及住房与其他金融资产（如股票）的相对收益率。本小节所采用数据的时间跨度为 2007 年 1 月至 2014 年 2 月。

表 1.3 给出了中国的房价、普通商品价格和金融资产价格的波动率(月度平均)。这里的波动率是指价格增长率的标准差。可以发现，普通商品中食品价格的波动率最高，但仍然低于房价的波动率。总体而言，由 CPI 代表的消费品价格波动率相对最低，金融资产价格的波动率相对最高，而房价波动率则介于普通商品和金融资产价格波动率之间。显然，这充分体现了房产所具有的商品和金融之双重属性。

表 1.3 中国的住房、消费品和金融资产的价格波动率

食品	烟酒	服装	家庭设备	娱乐教育	CPI	住房	上证综指	深圳成指
0.0105	0.0014	0.0028	0.0014	0.0031	0.0041	0.0257	0.0872	0.0978

为了对住房价格的波动性有一个更为直观的了解，我们在图 1.11 中给出了 2007 年 1 月至 2014 年 2 月中国的 CPI、住房价格和金融资产价格（由上证指数代表）的增长率数据。

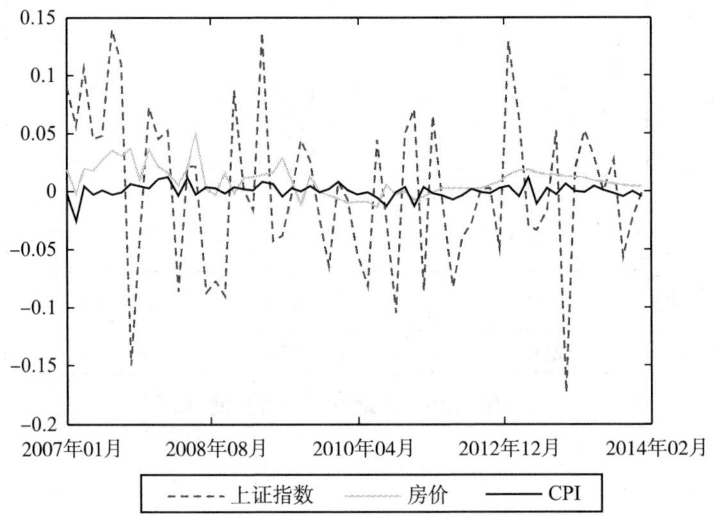

图 1.11 中国的 CPI、房价和上证指数增长率

以上我们讨论的是中国的数据，实际上，即使使用更长时间跨度的美国数据，上述结果也能成立。① 表 1.4 给出了美国的 CPI、房价和金融资产价格（由标准普尔指数代表）的平均增长率和波动率，图 1.12 则给出了其相应的增长率数据。可以看到，上述特征事实同样成立。

① 如果不包括美国发生次贷危机时期数据，美国平均房价增长率更是显著高于其 CPI 增长率。

表 1.4　　美国的 CPI、房价和股票指数波动率

	CPI	房价	标准普尔指数
平均增长率	0.0090	0.0098	0.0204
波动率	0.0091	0.0188	0.0741

资料来源：CPI、标普指数和房价数据来自 http：//www.econ.yale.edu/～shiller。

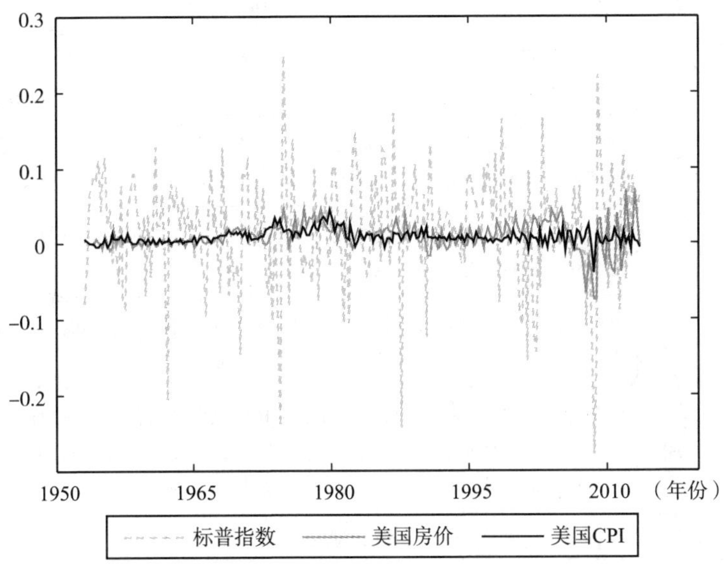

图 1.12　美国的 CPI、房价和标普指数增长率

第五节　中国的房地产调控

与欧美发达国家高度自由化的住房市场相比，中国住房市场的各个方面长期以来都受到政府深刻的影响。从 1998 年住房改革的“顶层设计”，到随后十多年间几乎每年都密集出台的各类调控措施（见表 1.5），可以说，整个市场，从制度到运行，都是由政府的政策所塑造的。除了直接针对房地产的政策，现存的产权制度，如城市土地所有制，以及地方政府与中央的财政分配制度（分税制）也是影响中国房地产市场和产业发展的重要因素。在本节中，我们将对 1998 年以来政府所实施的一系列针对房地产市场和产业的调控政策及其影响进行归纳和分析，并试图挖掘其背后深刻的制度背景，以期对未来的政策制定起到指导作用。

表 1.5　　中国 2003—2016 年房地产调控政策

2003 年	6 月	央行收紧对住房开发商和高档住房（别墅）的贷款
	8 月	国务院出台《关于促进房地产市场持续健康发展的通知》，促进房地产持续健康发展
2004 年	4 月	存款准备金利率上调，从 7% 提高到 7.5%。上海市发布《上海市房地产登记条例修正案》，期房限转，打击上海房地产投资行为，打压房地产泡沫
	5 月	5 月：对高尔夫球场、会展中心、物流园区、大型购物中心等项目进行清理，对土地管理的严格控制
	12 月	出台措施严格限制通过低价出让土地进行招商引资：工业用地通过公开招标进行出让
2005 年	3 月	出台"国八条"（《国务院办公厅关于切实稳定住房价格的通知》）：(1) 提出稳定房价，并将这一目标上升到政治高度；(2) 增加经济适用房和普通商品住房的土地供应；(3) 控制拆迁数量
	5 月	颁布《关于加强房地产税收管理的通知》
	10 月	税务部门向二手房交易征收个人所得税
2006 年	4 月	央行提高住房抵押贷款利率
	6 月	"90/70"政策（九部委《关于调整住房供应结构稳定住房价格的意见》）开始执行，即凡新审批、新开工的商品住房建设，套型建筑面积 90 平方米以下住房（含经济适用住房）面积所占比重，必须达到开发建设总面积的 70% 以上
	7 月	建设部出台 171 号"外资限炒令"（《关于规范房地产市场外资准入和管理的意见》）；规定还没有得预售许可证的项目不得发布预售广告；国税总局颁布 108 号文件（《关于个人住房转让所得征收个人所得税有关问题的通知》），强制征收二手房转让个人所得税
2007 年	1 月	住建部牵头规范住房中介行业
	9 月	央行提高首付比率与贷款利率：规定以家庭为单位，第二套住房贷款首付不得低于 40%，利率不得低于基准利率的 1.1 倍

续表

2007 年	10 月	国土资源部下发通知，明确提出，要缩短土地开发周期，每宗地的开发建设时间原则上不得超过 3 年
	12 月	外商投资房地产业限制范围有所扩大
2008 年	1 月	国务院开始对开发商“囤地”行为进行惩处：土地闲置超过两年的，依法无偿收；土地闲置满一年不满两年的，按出让或划拨土地价款的 20% 征收土地闲置费
	11 月	为了应对国际金融危机对国内房地产市场的打击：财政部紧急出台规定，对住房交易的契税、印花税和土地增值税进行减免。同时，央行调低首付比例和抵押贷款利率
2009 年	12 月	“国四条”（2009 年中央经济工作会议）公布：（1）增加中低价位普通商品住房，公租房供应；（2）抑制投资性购房；（3）加强市场监管。继续整顿房地产市场秩序；（4）继续大规模推进保障性安居工程建设
2010 年	1 月	“国十一条”（《国务院关于促进房地产市场平稳健康发展的通知》）公布：明确二套房贷首付不能低于 40%，贷款利率严格按照风险定价，同时要求增加保障性住房和普通商品住房有效供给，合理引导住房消费抑制投资投机性购房需求等。省级政府负总责是该政策的重要关注点
	4 月	“新国十条”（《国务院关于坚决遏制部分城市房价过快上涨的通知》）颁布，限购令出台
	9 月	“史上最严调控”出台：（1）对购买超过三套住房的家庭暂停发放贷款；（2）加速推进房地产税改革试点；（3）对违法违纪开发商，暂停发行股票、债券和商业贷款资格
2011 年	1 月	“新国八条”（《国务院办公厅关于进一步做好房地产市场调控工作有关问题的通知》）出台：要求强化差别化住房信贷政策，对贷款购买第二套住房的家庭，首付款比例不低于 60%，贷款利率不低于基准利率的 1.1 倍
	1 月	上海和重庆正式开始实施房产税
2013 年	2 月	“新国五条”（《关于国务院常务会议研究部署加强房地产市场调控的通知》）：重申限购政策；要求地方政府公布房价增速目标，对未达标的政府领导进行问责
	11 月底	北上广深等一线城市纷纷出台限购细则。随后，二三线城市也纷纷加入楼市调控大军

续表

2014 年	3 月	房地产税试点城市暂停扩充
	5 月	中国人民银行出台措施支持家庭购买首套普通住房
	6 月	部分城市开始取消“限购令”
	9 月	北京市出台“930 新政”（《关于促进本市房地产市场平稳健康发展的若干措施》）：首套房贷利率下限重回基准利率的 0.7 倍；已有 1 套住房并已结清相应购房贷款后再次申请贷款的，银行执行首套房贷款政策
2015 年	3 月	个人转让两年以上住房免征营业税；家庭购买二套房首付比降至 40%
	12 月	“去库存”：中央城市工作会议提出（2016 年）工作重点在于化解房地产库存
2016 年	2 月	央行调低首付比；个人购买前两套住房的情况降低契税，销售（购买两年以上）住房的，免征营业税
	9 月	部分城市开始“重拾”限购政策

一、类型归纳

中央政府从实施住房市场化改革伊始，就开始积极地对住房市场进行调控。在表 1.5 中，我们总结了从 2003 年开始中央政府实施的主要房地产调控政策。通过归纳，我们认为这些政策可以归为四个大类：信贷政策、税收调控政策、行政干预和开发商准入与土地政策。

1. 信贷政策

针对购房者的措施包括抵押贷款首付比，抵押贷款利率，公积金贷款利率调整。针对房地产开发商的措施包括贷款利率，信贷管制，对房地产商其他融资行为（如上市，通过发行债券、理财计划进行融资）的管制。

2. 税收调控政策

税收调控政策包括：在上海和重庆实施的房地产税试点；二手房交易中发生的契税、营业税和个人所得税。

3. 行政干预

最典型的是 2010 年伴随“国十条”开始在各主要城市推行的“限购令”。政府根据居民已有购房情况以及户籍，直接干预居民的购房行为。

2016 年，面对又一轮快速上升的楼市行情，各个热点城市的地方政府又开始“重拾”这一严厉的调控措施。政府采用这一政策的背景是，其他“间接”的调控手段都已经难以发挥作用。

4. 开发商准入与土地政策

针对房地产商开发房地产项目，相关部门也出台过一系列的限制措施，包括：在一定时期内，限制开发商开发别墅、高尔夫球场等高端项目。对开发项目户型的限制，即所谓的“90/70”政策。

针对房地产市场的土地市场调控政策相对较少，主要包括 2004 年出台的关于土地出让方式的规定，以及 2008 年 1 月国务院对部分房地产企业“囤地”行为的整治。

二、制度背景

尽管从中央到地方政府，十多年间密集出台了几十项全国性的房地产调控政策，但是并非所有政策都取得了预期的成效。现实中，调控政策的效果取决于多种因素，包括不同城市的特征，如人口年龄结构，人口流动情况，可开发土地数量等。同时，中央政府的政策有赖于地方政府的执行，但是二者的目标函数并不完全一致，这同样可能影响调控措施的效果。在本小节中，我们将对中国房地产调控政策实施的制度背景进行深入的分析。

（一）政策制定者与政策实施者的目标差距

中国房地产调控政策实践的一个突出特点是：政策的制定者（中央政府）与政策的具体实施者（地方政府）的目标函数之间存在明显的不一致，而这一现象有着深刻的制度背景。

1994 年的“分税制”改革造成了地方政府“事权”和“财权”的严重不一致。几乎与此同时，各级政府开始更加依赖 GDP 增长率作为衡量地方官员政绩的标准，这导致了所谓的“晋升锦标赛”现象（周黎安，

2007）。地方政府官员们发现，推动地方经济增长的一条捷径就是政府主导的基础设施投资，这需要大量的资金，而当地的土地出让收入成为地方政府除税收外，为数不多的可信的收入来源。据统计，2004—2011 年，全国“招拍挂”土地出让收入相当于同期地方政府预算内收入的 50.9%，这一比例在 2010 年和 2011 年都超过了 60%。

在这种对土地财政的严重依赖之下（陶然，2007），地方政府有很大的动机去保护这一“财源”。同时，他们深知，土地出让收入与当地房地产市场有直接的关系，在房地产市场繁荣、房价高涨时期，土地出让单价和总额也会随之增加。此时，当中央政府出台抑制房价过快增长的政策时，地方政府有多大的意愿去积极配合是值得怀疑的，这种情况下，政策执行效果可能大打“折扣”。

中央政府在 2013 年之后已经开始认识到这一问题。如 2013 年 2 月公布的“新国五条”（五项加强房地产市场调控的政策措施）中明确要求地方政府公布当年的房价增速控制目标，对未完成目标的地方政府官员，将进行约谈、问责。2016 年 11 月，中央决策层要求地方政府控制好房价上涨态势，要求 11 月房价不得高于 10 月水平，“如果再涨，不用约谈，直接对地方政府进行问责”。[①] 然而，在货币政策、税收政策都由中央管控的情况下，地方政府能够采用的也只有诸如“限购”这样纯粹的行政手段了。

（二）偏重于“需求端管理”，而忽视“供给端管理”

纵观 2003 年至 2016 年，中央政府推动的约 33 项全国性的房地产调控政策，我们可以发现一个特点：调控手段偏重于“需求端”（针对购房者），而对“供给端”（土地供应，开发商监管）调控重视不够。通过对政策的归纳，我们发现 33 项政策中，23 项属于“需求端”调控政策，而

① 凤凰网．决策层再次要求控制房价上涨 20 城房价再涨直接问责［EB/OL］.（2016－11－26）［2016－11－26］. http：//news. ifeng. com/a/20161126/50320837_0. shtml.

“供给端”调控政策只有10项，其中2008年之后只有2项。然而，即使各级政府在2010年之后，密集地出台各类“需求端”政策（包括严厉的“限购令”），楼市的繁荣和萧条也似乎并未受到政策太大的影响，这不禁令人产生疑问，此类政策是否能够发挥预期的作用？

另外，尽管拥有土地的所有权，无论是中央政府还是地方政府在利用土地供应调节房地产市场和房价方面总是显得“犹豫不决”。究其原因，包括如下几个方面：首先，中央政府一直强调城市建设不能违背对耕地保护的原则，表现为，针对如北京、上海这样的“超级城市”也制定了严格的“耕地保护指标”，使得这些城市面临更大的建设用地约束，从而降低了土地开发的价格弹性，进而推高了当地的房价。其次，近20年中国快速的城市化进程下的城市建设更多地表现为“摊大饼”式的面积扩张，大量原有城区的住宅用地容积率过低，土地没有得到有效的利用。这一方面是由于拆迁成本过高，另一方面，老城区集中了大量的政府机关和事业单位，这些部门带有的行政色彩使得可能的房地产开发难以实现，这种现象在北京这样的政治中心表现得尤为明显。

最后，同时也是最重要的原因在于，土地出让价格直接影响到地方政府的财政收入。在地方政府依赖“土地财政”的背景下，保持较高的土地出让价有利于增加其收入。虽然增加土地供应量在短期内可能会达到同样的效果，但是，由于土地是不可再生资源，这种做法可能导致未来土地收入的下降。如果地方政府将最大化土地收入作为自己干预当地土地市场的目标函数的话，增加建设用地供给可能不是其“最优解”，这也导致地方政府对此类“供给端”政策并不热心。

除此之外，我们甚至有证据表明，部分地方政府并不满足于通过土地供应获取最大利润。当房地产市场处于调整期，开发商“拿地”热情下降时，那些最依赖于土地收入的地方政府会通过所控制的融资平台进入土地市场，向“自己”购买土地，从而人为地制造土地出让收入。这种对土地出让收入的“狂热追求”，不但弱化了地方政府对任何可能抑制房价政策的执行力，还积累了大量的债务，甚至可能导致地方债务危机的爆发。我们将在第六章中利用土地交易的微观数据，对地方政府、融资平台和土地市场的关系进行严谨的实证分析。

针对这一现状，相关学者提出应该更多地从"供给端"入手进行调控。2016 年之后，中央政府也开始重视这一意见，一个表现是，放松了对几个"超级都市"耕地保护指标的控制。根据国土资源部 2016 年 6 月下发的《全国土地利用总体规划纲要（2006—2020 年）调整方案》（以下简称《调整方案》），与原有规划相比，北京、上海、天津三个主要城市的耕地指标都有所缩减：在原有规划中，北京需要在 2020 年保有 21. 47 万公顷耕地，《调整方案》将之降低为 11. 07 万公顷；天津在原有规划中需要在 2020 年保有 43. 73 万公顷耕地，《调整方案》将之降低为 33. 40 万公顷；上海在原有规划中需要在 2020 年保有 24. 93 万公顷耕地，《调整方案》将之降低为 18. 80 万公顷。三城市的耕地保护面积分别减少 48. 5%、23. 6% 和 24. 5%。这一调整显然会扩大城市的住房用地和住房供应，有助于平抑当地的房价水平，从而为政府对房地产市场的宏观调控提供新的途径。

（三）调控的频率高，程度深

与中国不同，美国的调控始于大萧条时期，基本思想是鼓励家庭购买自有住房，并对低收入家庭租房和购置自有住房进行补贴（Olsen & Zabel, 2015）。具体措施包括：对低收入家庭租房给予补助；[①] 对购买自住房产所产生的抵押贷款利息进行所得税抵扣；直接对购买自有住房进行补贴（grants）；通过两家国有抵押贷款机构——房利美（Fannie Mae）和房地美（Freddie Mac）对抵押贷款进行信用增级（credit enhancement）和提供市场流动性等。这一政策促进了第二次世界大战后美国住房拥有率的长期

① 美国从 20 世纪 70 年代开始实施的"住房与社区发展"法案第八条款计划，宗旨是保证任何家庭用于住房的支出不超过其总收入的 30%，对于某些低收入家庭房租的超出部分，联邦政府将给予补贴。

上升，不过同时也造成了2000—2006年之后大量缺乏偿还能力的低收入家庭涌入抵押贷款市场，并最终导致房地产市场泡沫的崩溃和金融危机的爆发。

美国住房“供应端”的调控主要是由地方政府实施的，并且基本上遵循已有的法律和城市规划，对特定地块的用途、面积进行限制。与中国实行的土地政策相比，美国的“土地管制”具有长期稳定的特点。此外，由于美国的开发商数量众多且规模一般较小，整个住房供应市场更加接近于完全竞争市场（Gyourko & Molloy，2014），[①] 政府很少针对开发商的行为出台调控措施。

与美国的住房政策相比，中国对住房市场的干预带有更多的“相机决策”的特征，比如从2003年至2016年，仅中央政府推动的全国性房地产调控政策就有33项，年均2.5项，而各地方政府的配套措施、实施细则更是不计其数。为什么中、美两国对于房地产市场的密度存在如此大的差异呢？究其原因，至少有如下两点。

首先，中国政府调控楼市的主要目标并不是提高住房拥有率，而是稳定住房价格。中国城市家庭在住房改革之前，尽管人均住房面积和质量较低，但住房拥有率水平并不低。随后，这类家庭又在住房改革过程中，以较低的成本获得了居住住房的所有权。在之后的城市化过程中，大量的外来移民（主要是进城农民工）的住房需求没有得到很好的满足，但是在现有“户籍分隔”的制度背景下，地方政府更关注户籍居民的住房情况，从而“漠视”了后一类家庭的住房情况。其次，美国次贷危机所引发的严重的经济衰退以及日本20世纪90年代初的房地产泡沫崩溃，这些前车之鉴都使得中国政府对“房价泡沫”异常敏感，对于住房市场上出现的房价过快增长的迹象，都会及时进行调控。因此，中国的房地产政策带有

① 根据吉奥科和莫洛伊（2014）对美国住房开发行业的分析，美国现在有超过100000家房地产开发商进行住宅开发，其中大部分是营业额低于1000万美元的中小开发商。这证明，美国的房地产行业进入门槛较低，并且存在着充分的竞争。

更多的"相机性"特征。

除此之外，与美国依赖于法案和补助计划间接地影响住房市场相比，中国政府过去十多年对住房市场的干预在深度上是前者无法比拟的，其中最典型的是"限购令"，这种根据户籍对家庭购买住房行为的"一刀切"式限制，实在与住房改革"住房服务市场化"的初衷相背离。

频繁的政策调整会使得住房市场参与者（购房者、开发商）对未来的预期出现混乱，在调控方向出现逆转时，参与者会对政策的持续性产生质疑，加之住房和土地具有很高的"调整成本"（Bachmann & Bayer，2013），这些主体一般采取"观望（wait-and-see）"的态度，使得调控效果大打折扣。决策者常需要连续出台多项措施才可能扭转参与者的预期，然而，一旦预期逆转，往往引致大量"投机性"需求和开发商的过度乐观，进而导致房价和土地价格的"超调"。2016 年的住房市场从年初的"去库存"到年末为遏制部分热点城市房价过快增长所实施的"限购"就是这一矛盾的典型案例。

第六节 房地产泡沫

包括房地产在内的资产泡沫及其崩溃可能是现代宏观经济中最具有戏剧性的现象。从 1929 年的美国股市崩溃到 2007 年的次贷危机，泡沫最终崩溃所引发的金融与经济危机对宏观经济体系和微观经济主体（家庭、企业）造成了极为深远的影响。日本从 20 世纪 80 年代初开始形成的房地产泡沫在 1989 年达到顶峰后迅速崩溃，资产损失超过 50%，导致曾经的世界第二大经济体经历了"失去的 20 年"。而美国次贷危机所引发的全球金融海啸，更是导致了 20 世纪 30 年代大萧条之后全球最严重的经济衰退。有鉴于房地产泡沫巨大的破坏力，中国政府在制定住房政策时的核心关注点就是严防房价快速增长可能导致的泡沫，关于这一点，在本章第五节中已经有详细的阐述。

不过，正如现代宏观经济学诞生于大萧条“腐败的土壤”中一样，以房地产泡沫为代表的资产泡沫也有力地推动了对于相关现象的研究，并且已经产生了丰硕的研究成果。

第六节，我们首先从理性泡沫和非理性泡沫两条研究路径出发，介绍当代经济学文献中对泡沫现象的理论研究。接下来，我们讨论如何用计量经济学的方法来分析和预测资产泡沫。最后，我们用案例分析的方式对过去 40 年中两个最具典型意义的资产泡沫——日本房地产泡沫和美国次贷危机进行回顾和分析。

一、理性泡沫的定义

根据法玛（Fama，1965）的定义，泡沫指“资产在一段时间内的市场价值显著地高于其内在价值”。而我们后文要介绍的理性泡沫模型，则认为泡沫是指某些在理论上并没有价值的资产在某些情况下出现了市场价值。当大量家庭是为了获得预期的住房资产升值，而非享受住房带来的服务，或者为了获得出租住房所带来的房租而购买住房时，住房市场上就可能存在泡沫。

尽管各类资产泡沫现象已经有几百年的历史，但是在 20 世纪 80 年代之前，经济理论中对这种现象的研究还很匮乏。这一方面有缺乏必要的数学工具的原因，另一方面也源于经济学家们对泡沫的本质缺乏深入的认识。比如：泡沫到底是由经济主体的“非理性”行为引起的，还是可以被纳入主流的理性主体模型？在本小节中，我们先介绍经济学家是如何在理性预期模型中解释泡沫现象的，也就是所谓“理性泡沫”模型。

理性泡沫，顾名思义，就是在理性预期模型下可能存在的泡沫。让我们考虑一个简单的无限期资产定价方程。在这一模型设定下，资产持续期限只有两期，并且会向持有者发放分红（或者产生房租）$\{D_t\}_t^{\infty}$，利率是一个常数。这种设定下，我们可以从无套利出发，推导出如下的资产定价方程。

$$p_t = \frac{D_{t+1} + P_{t+1}}{R} \tag{1.6}$$

通过简单的变换，可以得到：

$$P_t = \sum_{j=1}^{\infty} \frac{D_{t+j}}{R^j} \tag{1.7}$$

显然，资产价格等于未来所有时间所获得分红的贴现值，价格与资产的基础价值相一致，没有存在泡沫。但上式并非方程（1.6）的唯一解，如果我们增加新的一项 $\{B_t\}_{t=1}^{\infty}$，并假定存在如下关系：

$$B_t = \frac{B_{t+1}}{R} \tag{1.8}$$

如果我们在方程两侧分别加入 B_t 和$\frac{B_{t+1}}{R}$并向后迭代，可以得到：

$$P_t + B_t = \sum_{j=1}^{\infty} \frac{D_{t+j}}{R^j} + \lim_{T\to\infty} \frac{B_{t+T}}{R^T} \tag{1.9}$$

显然，这也是方程（1.6）的一个解。新增的 $\{B_t\}_{t=1}^{\infty}$与资产的定价基础——分红（房租）$\{D_t\}_t^{\infty}$ 并没有什么直接联系，如果 $B_t > 0$，我们就称其为“理性泡沫”（Rational Bubble）。此外，如果假定：

$$\lim_{T\to\infty} \frac{B_{t+T}}{R^T} = 0 \tag{1.10}$$

我们可以很容易得到 $B_t = 0$，for all $t > 0$，这也被称为无限期动态模型的“横截面条件”（transversality condition）。一般而言，标准的宏观经济学模型，如 RBC 模型，都假定横截性条件成立，这也就排除了理性泡沫存在的可能。因此，在保持理性主体的假设条件的前提下，为了刻画理性泡沫，研究者必须放松“市场完备”的假设。

那么，在什么条件下竞争性经济中可能出现理性泡沫呢？为了回答这一理论问题，桑托斯和伍德福德（Santos & Woodford，1997）建立了一个同时包括有限期个体和无限期个体的竞争性经济模型，并从另外一个角度给出了这一问题的答案。什么时候一定不会存在理性泡沫？他们给出的条件包括：（1）所有主体（家庭）都面临信贷约束，具体而言，他们的借贷额不能超过其拥有的净资产总额；（2）每个家庭所拥有的禀赋的现值是有限的；（3）资产的到期时间是有限的。桑托斯和伍德福德指出，在违背以上任何一个条件的情况下，理性泡沫都是可能存在的。

与无限期个体的竞争性模型相比，有限期个体的“世代交叠模型”并不必须满足横截性条件，这使得在该框架下对“理性泡沫”进行建模和分析变得更加容易。梯若尔（Tirole，1985）对“理性泡沫”文献做出了开创性的贡献。他在戴尔蒙德（Diamond，1965）的世代交叠（OLG）模型的框架下，研究了理性泡沫的存在性。他的论文显示，在经济存在“动态无效率”（dynamic inefficiency）的条件下，理性泡沫的出现反而会帮助消化经济中的超额储蓄，并且提高经济的运行效率。

除了一般金融资产之外，学术界开始考虑用理性泡沫模型来研究住房资产，这一研究趋势在次贷危机之后愈发明显。阿尔塞等人（2008）在一个3期的OLG模型框架下，证明了在什么条件下金融市场中的摩擦和租房市场中存在的扭曲会导致理性泡沫，以及泡沫的最终崩溃。具体而言，异质性的家庭在购买自有住房时面临不同程度的融资约束，从而导致经济中同时存在住房自住家庭、租房者以及房东。这篇论文理论分析部分的一个特点是模型经济中存在着“多重均衡”（multiple equilibria），在面对足够大的正向冲击时，处于“低估值均衡”（low valuation）的经济会滑入“高估值均衡”（high valuation），并产生住房资产泡沫。赵等（Zhao et al.，2013）在阿尔塞等人（2008）的模型的基础上进行了若干的扩展，主要体现为，他假设经济中外生的存在两类家庭：自住家庭和投资家庭。自住家庭能够从购买住房中获得直接的效用，而投资家庭只关注购买住房能够从未来的房价增长中获得多少收益。此外，他在模型经济中引入两类“摩擦”，放松的信贷约束使得经济中的均衡利率水平低于房价增速，使得囤积住房变得有利可图。同时，租房市场上存在的严重摩擦（尽管本书笔者认为这一假设与现实出入较大）使得家庭更倾向于拥有自有住房。低利率与租房市场摩擦使得家庭倾向于购置住房作为一种金融资产，即使住房最后只能空置也在所不惜，而空置的住房事实上成了一种“无用的”

(useless) 资产，这与理性泡沫的定义相吻合。

除了 OLG 模型，近年来理论经济学家还试图在无限期竞争经济模型中引入理性泡沫，其中的一个重要突破来自柯薛拉柯塔（Kocherlakota）于 2008 年发表的论文。在这篇颇为数理化的论文中，证明了“任何一个离散的正鞅都可以作为某种理性泡沫引入资产定价过程中”，他称之为“理性泡沫的等价定理”。同时，他还强调了引入泡沫对初始财富持有者的重要意义。

二、非理性泡沫

虽然研究者依然在孜孜不倦地试图将房地产泡沫纳入主流经济学，尤其是理性预期主体的分析框架中。但是近年来，随着行为经济学的迅速发展，研究者发现，家庭的非理性行为和非理性预期对解释住房市场中可能存在的泡沫具有重要的意义。在本小节中，我们将重点介绍三类主要用来解释住房泡沫的“非理性”经济行为。

1. 外推性预期（extrapolative beliefs）

当我们考虑房价的随机性时，住房定价方程（1.6）可以被改写为：

$$P_t = D_t + \frac{E_t[P_{t+1}]}{R} \tag{1.11}$$

在理性预期的假定下，家庭会“利用一切能够获得的信息”去预测未来的房价，并且“不会犯系统性错误”。事实上，这一要求对于绝大多数进入住房市场的家庭而言都过高了，家庭往往会依赖于一些更加简化的模型去对未来房价进行预测。其中最常见的一种方式是：家庭只考察过去较短时间内的房价变化情况，并且将其变化均值作为未来房价变动的最佳预测，如式（1.12）中家庭将过去四期房价的移动平均作为下一期房价的预测。

$$P_t = D_t + \frac{E_t\{P_t \rightarrow P_{t-3}\}}{R} \tag{1.12}$$

我们将这种预期形成方式称为外推性预期。

文献方面，克拉普和提提罗格鲁（Clapp & Tirtiroglu，1994）较早尝试将“外推性”预期引入房地产市场进行研究的。巴韦里斯（Barberis et al.，2015）的研究发现，哪怕只有少数的市场主体采用“外推性”预期，也会有效地推动房价的变动。在另一篇论文中，皮阿泽斯和施耐德（Piazzesi & Schneider）发现少量持有“外推性”预期的租客预期的变动就能够左右房价变动的趋势，因为他们都是潜在的自有住房购买者，而这部分人群（当期购房者）占全部人口比例本来就不高。这些研究还发现，“外推性”预期假设可以解释房价数据中发现的过度波动和房价的短期持续性两个重要的特征事实，尽管它无法同时解释房价在长期内“返回均值”的现象（见表1.6）。

表1.6 不同模型对房价特征事实的解释能力

房价特征	完全理性	外推预期	简化预期
过度波动	×	√	√
房价的短期持续性	×	√	×
房价长期“返回均值”	×	×	√

2. 认知局限

除了“外推性”预期之外，家庭对住房市场和房价走势的认知局限还有很多种，Shiller（1999）对相关的研究进行了一个很好的总结。这里，我们简要地分析三种最重要的“认知局限”。

（1）过度简化的预期

过度简化预期指家庭采用一种“极度简化参数”的模型来预测未来的房价。如果真实的房价服从如下的随机过程：

$$P_t - P_{t-1} = B_1(R_{t-1} - R_{t-2}) - B_2(R_{t-2} - R_{t-3}) + \varepsilon_t \tag{1.13}$$

过度简化型的家庭可能会按照如下的模型来预测房价，从而产生较大的误差。

$$P_t - P_{t-1} = \hat{B}_t(R_{t-1} - R_{t-2}) + \varepsilon_t \tag{1.14}$$

格莱泽和内桑森（Glaeser & Nathanson，2015）利用上述模型进行模拟后发现，过度简化模型可以产生和房价数据相对应的过度波动和房价短期持续两个特征事实（见表1.6），而理性预期模型无法解释这两个现象。

（2）忽视住房"供给端"的影响

与其他非耐用消费品相比，住房的供应有更长的滞后期。此外，对于美国这样的已经完成大规模城市化进程的经济体而言，住房市场上进行交易的主要是二手房，而非新房。这些事实都使得家庭在住房市场中有意无意地"忽视"住房供给的行为变得具有一定的合理性。然而，尽管住房的供给弹性很低，但是在高房价的拉动下，开发商仍然会过度建设住房，尤其是在那些有大量空置土地的城市。内桑森和兹维克（Nathanson & Zwick，2013）正是用这一理论解释了美国房地产1999—2007年房地产泡沫期间一个经典理论无法解释的现象：诸如拉斯维加斯这样的周围拥有大量土地的城市，也在泡沫末期经历了一轮房价的高速上涨。当然，由于随之而来的大量新增住房开发，这些城市的泡沫很快就崩溃了。

不过，这一现实似乎不太符合中国这种新建住房在住房供应中占主要地位的情况。

（3）从众心理

购买住房对于家庭而言是一个重要的经济决定，但是大多数家庭对住房市场的趋势并不十分了解，这时来自家人、朋友甚至同事的意见可能会变得很重要，这也就是所谓的群体效应或者从众心理。这类效应的作用机制主要有两个。首先，很多家庭在住房市场中都有"损失避免"的倾向（Genesove & Mayer，2001），而如果和周围的个体保持一致，即使因未能正确预测住房市场的走势而蒙受损失，他们与其他家庭的相对损失差距也不会太大。此外，家庭可能会采取"随大流"这种"稳妥"的策略。其次，家庭往往会感觉其他主体在参与住房市场时拥有不为他们所知的"内部消息"，因此他们希望模仿其他主体的行为来利用这些信息，这在某些情况下甚至可能是理性的（Bikhchandani et al.，1998）。然而，该特征也可能被少数的投机者（或者俗称的“炒房团”）所利用，比如在某些地区集中购买住房，从而激发当地其他购房者的模仿行为，并伺机在房价高点脱手。洪（Hong，2008）利用股票市场和股票分析师的数据印证了类似的观点。

三、对资产泡沫的实证检验

除了对包括房地产在内的资产泡沫进行理论上的研究之外，经济学家以及监管部门还十分关心是否能够从真实数据中获得资产泡沫存在的证据，从而为稳健性监管提供支持。然而，有关资产泡沫的实证研究面临很多的挑战，主要有两个原因。

首先，我们无法准确了解资产的基础价值，也就无法判断其市场价值偏离了多少。

其次，泡沫与投资者的预期紧密相关，而预期信息并不容易获得。

在本小节中，我们将对近二三十年针对资产（房地产）泡沫的实证文献进行梳理，并主要介绍几篇针对房地产市场泡沫进行实证分析的经典文献。

加伯（Garber，2000）对历史数据进行分析之后发现，历史上著名的“荷兰郁金香泡沫”“密西西比泡沫”“南海公司泡沫”事实上都能够被基础资产价值变动所解释。帕斯托尔和韦罗内西（Pastor & Veronesi，2009）指出，很多股票市场泡沫都发生在重大科技革命之后，这可以被如下理论所解释：新技术的真实生产力还存在疑问，投资者对其真实价值的认识存在偏差。还有一些情况下，资产泡沫明显不能被基础资产所解释。如熊和于（Xiong & Yu，2011）利用中国股票市场的数据发现，那些本来没什么实际价值的分现金除权凭证在市场上也以明显的溢价进行频繁的交易，他们认为这表示权证市场存在泡沫。此外，迪巴和格罗斯曼（Diba & Grossman，1988）利用美国股市的时间序列数据对泡沫进行了实证检验。根据资产定价理论，在泡沫不存在的情况下，股价和股利现值应该呈协整关系，迪巴和格罗斯曼并没有发现美国股市存在泡沫的证据。

相对于股票市场，房屋的基础价值更加难以确定，这也给针对住房市场的实证研究提出了更大的挑战。吉利奥（Giglio）等研究者发表在经济学季刊（*Quarterly Journal of Economics*）上的论文通过一个巧妙的实证设计克服了测度住房基础价值的困难。在英国和新加坡的住房市场中，同时存在有700年产权和永久产权的住房，当然，对于大多数人而言，700年后住房的价值已经微不足道，这一论断可以数理化地表达为：

$$p_t - p_t^{700} \approx B_t = \lim_{T\to\infty} E_T[\xi_{t+T} p_{t+T}] \tag{1.15}$$

显然，如果两类房屋的价值有显著的不同（即 $B_t > 0$），那么泡沫就很有可能存在。吉利奥等人的实证结果显示，在控制一系列特征后，英国和新加坡的住房市场上两类住房的市场价格并不存在明显的差异，这似乎证明了此类泡沫并不存在。

除了泡沫本身之外，经济学家还对与泡沫相关的投资者（或家庭）的预期进行了很多研究。如果我们将关注的重点放在房地产市场上，那么卡斯和席勒在1988年、2003年和2014年发表的针对“美国家庭对房地产预期”的调研报告，仍然是我们了解这方面研究最重要的来源。

卡斯和席勒（Case et al.，1988，2002，2014）在1988—2012年对5600户家庭的住房预期进行了问卷调查。

在2002年发布的调查中，他们发现：（1）大部分家庭认为“住房是一项重要的投资品”；（2）除了旧金山（14.8%）之外，在大多数城市中，只有少数家庭认为住房市场蕴含着很大的风险（比例小于10%）；（3）在所有4个城市中，“购买住房主要是为了投资”的家庭的比例和1988年的调查相比都出现了显著的下降，有关结果如表1.7所示。此外，调查还发现股票市场的表现和家庭对住房市场的预期没有显著的联系。总之，卡斯等人发现，尽管与1988年的调查相比，家庭对住房市场动态有着更加深入的了解，但是“外推性”的预期形成方式仍然扮演着重要的作用。

在2014年发布的调查中，他们有如下发现。

（1）家庭对近期当地的住房市场趋势十分了解。笔者观察到家庭报告的预期和当地实际的房价增长趋势有很强的正相关关系。与此同时，家庭往往低估住房市场的长期变化。这种预期的缓慢调整是房地产市场泡沫不断累积的重要推动力量。

（2）家庭对长期的房价变动趋势的预期有很大的异质性。当房地产市场处于繁荣期时，家庭间的预期基本上是一致的，但是当市场形势出现逆转时，家庭的预期也开始出现明显的分化。

表1.7　　对美国家庭的调查（1988年；2002年）　　单位：%

调查内容	橘郡（加州）		旧金山		波士顿		密尔沃基	
	1988年	2002年	1988年	2002年	1988年	2002年	1988年	2002年
住房是否为投资								
主要考虑	56.3	56.8	63.8	51.8	48	33.9	44	50.3
部分同意	40.3	46.2	31.7	34.4	45	56.2	45.7	42.2
购房主要为投资								
同意	19.8	7.5	37.2	10.6	15.6	8.2	18.7	13.8
住房市场风险								
很大风险	3.4	7.9	4.2	14.8	5.1	7.8	5.9	4.3
部分风险	33.3	47.5	40.1	51.9	57.9	62.5	64.6	57.3
无风险	63.3	44.6	55.7	33.3	37.1	29.6	29.5	38.4
预期房价增速								
后1年	15.3	10.5	13.5	5.8	7.4	7.2	6.1	8.9
后10年	14.3	13.1	14.8	15.7	8.7	14.6	7.3	11.7

资料来源：Case K E，Quigley J M，Shiller R J. Comparing wealth effects：the stock market versus the housing market [J]. Advances in macroeconomics，2005，5（1）。

四、房地产泡沫的实例：日本和美国

上文中，我们对有关房地产泡沫的实证研究进行了一个全面的综述，但是在现实中准确地预测泡沫依然是十分困难的事情。正如格林斯潘所言，“直到泡沫崩溃，我们才可能准确地判断某种资产是不是出现了泡沫”。[①] 有鉴于此，我们在本节中对过去30年发生的两次房地产泡沫案例——日本房地产泡沫和美国次贷危机的过程进行一个详尽的梳理。

（一）日本20世纪80年代末的房地产泡沫

根据CEIC数据库和万德数据库资料显示，日本在第二次世界大战之后迅速实现了重建，并且抓住产业升级的机会，实现了经济腾飞：年均经济增速在20世纪60年代超过10%，在20世纪70年代也高达7%，堪称发展奇迹，即使到了20世纪80年代，其年均4%的经济增速也堪称发达国家翘楚。然而，从20世纪80年代末开始，日本国内从土地、股票甚至到高尔夫俱乐部的会员年费的各类资产价格开始迅速膨胀，泡沫开始发酵：六大城市的居住用土地价格指数从1986年到泡沫顶点的1991年增长了1.5倍，年复合增长率高达20%。与此同时，市场上弥漫着过度乐观以至于狂热的情绪，从资产升值中获益的机构和个人开始大规模收购从名贵艺术品到诸如纽约洛克菲勒中心这样的境外物业，仿佛这场资产价格的盛宴永远不会终结。然而，泡沫总有崩溃的一天，从1991年开始，资产价格出现了“雪崩式”的下跌（见图1.13）。到了2000年，土地价格从1991年的高位下降了35%，商用土地价格跌幅超过50%；股市在1992年年中时已较1989年底暴跌60%。仅地产及股票资产的缩水就达到1500万亿日元，相当于日本3年的GDP。资产价格泡沫的破裂还对一直以来都很健康的实体经济造成了沉重的打击：企业破产数在不到3年的时间里增长了2倍，企业纷纷削减债务以修补资产负债表并大幅削减投资，企业投资占GDP比重在3年时间里下降了5个百分点。私人消费同比增速也从

① Mike Mish Shedlock. Man Who Says “Bubbles Only Identified When They Burst” Detects Bubbles [EB/OL]. (2018-02-02) [2018-07-12]. https://moneymaven.io/mishtalk/economics/man-who-says-bubbles-only-identified-when-they-burst-detects-bubbles-bYZblo9oR0uAvx-UdI2pyg/.

3.5%下降至1.5%。与此同时，银行等金融机构在泡沫破灭的过程中损失惨重，资产缩水、呆坏账堆积如山，整个银行业利润到1997年后已变为巨额亏损。

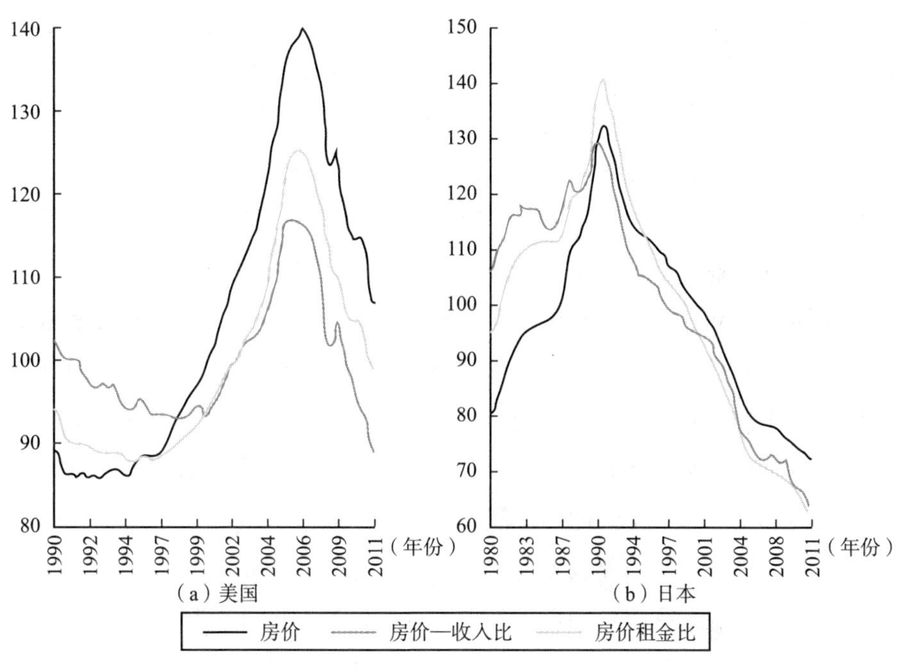

图1.13 美国和日本的房地产泡沫

资料来源：Miao J, Wang P, Zhou J. Asset bubbles, collateral, and policy analysis [J]. Journal of Monetary Economics, 2015, 76: 57-70.

关于日本房地产泡沫的成因，学术界给出了不同的解释，归纳一下，主要有如下几点。首先，1985年美、欧、日"广场协议"① 之后，日元在3年内升值超过50%，国际投机资本纷纷涌入日本国内购买包括房地产在内的各类资产，这被视作形成泡沫的外因。其次，同一时期，日本国内的

① 1985年9月，美、日、德、法、英五国财政部部长及央行行长在纽约广场饭店举行会议，达成五国政府联合干预外汇市场，诱导美元对主要货币的汇率有秩序地贬值，以解决美国巨额贸易赤字问题的协议。

金融自由化进程开始加速，原来在金融体系中处于绝对主导地位的银行开始受到冲击。为了与其他机构争夺市场份额，各大银行开始降低自己的贷款标准，向那些欠缺资质的中小型房地产开发企业提供贷款，同时，房地产开发企业掌握的主要抵押品——土地的价值不断地上升，也使得向房地产企业贷款变得看上去安全且有利可图，而这些流入的资金又进一步抬高了本来已经被高估的土地价格[①]。除了以上两种短期的冲击之外，另一个长期趋势可能对泡沫的崩溃具有影响，根据日本央行副行长西村清彦（Nishimura，2012）的看法，日本人口的逆抚养比率在1990年前后达到峰值，然后开始下行[②]，而（20~50岁的）劳动力人口正是住房市场的购买主体，其人口比例的下降某种程度上恰恰预示着过高的房屋与土地价格是无法维持的，这也被之后的地价暴跌所印证。最后，投资者的过度乐观情绪也起着重要的作用。经历了长达30年的高速增长以及近年来的日元升值，日本的投资者似乎有理由相信地价的上涨是“合理的”，尽管有些谨慎的投资者会怀疑土地价值被高估，但是在缺乏卖空机制的条件下，整个市场为那些过度乐观的投资者所主导（Barsky，2009），这些心理因素也一步步地推动土地价格的暴涨，直至地价泡沫最终崩溃。

日本20世纪80年代的以房地产为代表的资产泡沫已经过去了20年，但是它对当今日本经济的影响依然深远。日本在泡沫崩溃之后经历了两个“失落的十年”：通货膨胀率伴随着低经济增长速度[③]。大量学术研究和报告揭示出，这一现象的背后是大量的企业和家庭在竭力修复自己在泡沫崩溃过程中受损的资产负债表，伴随而来的是投资的不足、个人消费的下降。考虑到同时期到来的人口老龄化过程，日本经济前景堪忧。

（二）美国2000年的房地产泡沫

如果说日本20世纪80年代末发生的房地产泡沫的影响仅限于日本国

---

① 事实上，直到房地产泡沫破裂7年后的1998年，房地产贷款在日本银行总贷款的份额一直呈现上升的态势。

② 逆抚养比率定义为劳动力人口比抚养人口，逆抚养比下降意味着劳动力人口相对减少。

③ 后泡沫时代（1992—2010年），日本的平均经济增速低于2%。

内的话，美国从1990年开始到2006年的一轮房地产价格泡沫及其崩溃，直接酿成了自1929年大萧条之后世界范围内最严重的一场经济危机，乃至今日全球经济也并未完全从这次危机中恢复过来。在这一小节中，我们简要地回顾一下这次房地产泡沫的情况，并梳理文献中对泡沫成因的解释。

格莱泽（2013）指出，历史上美国是一个房地产投机盛行的国家，“（房地产和土地投机）是一项跨越阶层的活动，从乔治·华盛顿、本杰明·富兰克林到纽约的普通中产阶级和中西部的农民，无不投身其间”。他在其关于美国房地产投机史的论文中分析了（全国性或主要地区的）至少8次主要的房地产泡沫，而1990年到2006年的这次房地产泡沫无疑是其中规模最大的，以卡斯—席勒（Case - Shiller）房价指数为例，该指数从开始计算的1987年2月的62.39到峰值的2006年5月的226.29，不到20年的时间增长了大约250%，美国商务部公布的新建住房中位价格经历了大致相同程度的增长，同期，美国的住宅的购—租比也从19.4上升到28.7。然而，从2006年7月到2009年短短3年间，长斯—席勒房价指数暴跌超过45%（见图1.13），随之而来的是居民住房价值的大幅缩水和抵押贷款违约潮，随后更是蔓延到整个金融市场和实体经济，造成了全球范围内的经济衰退。

是什么因素造成了这一房地产泡沫？这是从学术界、商业界到政策决策者，乃至于在泡沫崩溃中遭受损失的普通家庭都迫切想知道的，因此也成为学术研究的一个焦点。几年间，大量的研究试图对这个问题给出答案。归纳起来，主要有以下几种解释。

（1）*以次级贷款为代表的房地产融资工具的出现与流行，降低了接待的门槛，增加了家庭对住房的需求*

从20世纪80年代开始，美国金融监管当局开始逐步放松对银行的管制，各种金融创新工具开始蓬勃发展，其中就包括所谓的次级抵押贷款（subprime mortgage loan，以下简称“次级贷款”）。次级贷款主要针对那些信用评级较低的贷款申请者（低收入、低学历、少数族裔等），银行提供贷款后再将这些资产（未来还款）进行证券化，打包出售给投资基金、养老金机构和保险公司等长期投资者，同时购房者还能够通过所谓的再融资（refinancing）机制来借新债还旧债。在美国 1990 年到 2000 年的低利率背景下，银行为了争取业务，不断地降低放贷标准，甚至出现了一些“零首付”的抵押贷款产品。在这样的条件下，一些原本无力拥有自有住房的家庭也纷纷利用贷款购买住房。这一方面增加了住房的需求，不断地抬高房价；另一方面，由于贷款人较差的还款能力，也造成了更大的违约风险。因此，当房地产市场供求的基本面无法再支撑过高的房价，房屋价值出现下跌后，大量的次级贷款申请人选择违约，这又进一步地打压房价，最终造成房价泡沫短时间内的崩溃。

（2）长期的低利率环境

从 20 世纪 90 年代中期开始，美联储将美国的利率水平维持在一个较低的水平之上：从 1996 年至 2006 年，美国的 10 年期国债收益率下降了 120 个基点，而这一时段恰恰是房价上升的时期。同时，根据一些房地产经济学的经典理论，如波特巴（1984）的保有成本（user cost）理论，低利率会相应地增加房屋的价值，从而满足了居民的住房需求。在这样的条件下，似乎低利率水平是住房泡沫的一个显然的解释，这也受到很多文献的支持[①]。然而，另一些研究却对这一解释提出了质疑，如格莱泽等人（2010）指出，当购房者（理性的）预期未来房价水平会上升，并且购房者所采用的贴现系数和实际利率存在较大差异时，低利率水平对房价快速上涨的解释力会大打折扣。根据他们的估算，基准利率 100 个基点的下降，只会导致房价水平上升 7%，低利率水平仅能解释房价上涨幅度的 1/5，大大小于法沃拉基斯（Favilukis，2010）的估计。综合相关研究，我们似乎可以得出结论，尽管低利率水平确实会对房价产生正向的影响，但是其影响程度还存在争议。

① 如法沃拉若斯，卢德维格松和范纽伯格（Favilukis，Ludvigson and Van Nieuwerburgh，2010），他们估计这一时期利率水平的下降可以解释超过一半的房价增长。

（3）家庭对房价过度乐观

2000 年的房地产泡沫令经济学界困惑的一点是，除了金融方面的因素（低利率和金融创新），其他影响房价的基础性因素并没有发生显著的变化：美国的城市化进程早已完成，城市人口密度趋于稳定，且没有大规模的移民运动发生。另外，几乎所有城市，不论其建筑用地供给情况如何，均发生了房价快速上涨的现象。一些经济学家开始试图从家庭的心理因素方面寻找对住房泡沫合理的解释，这种尝试最早可以追溯到凯恩斯提出的“动物精神”。卡斯和席勒等人从 1988 年开始对总计约 5000 户的美国家庭进行访问，主要调查家庭对房地产市场的预期（Case，Shiller & Thompson，2012）。在泡沫高涨的 2005 年，橘郡（Orange County）的居民对未来十年年均房价增长率预测的平均值高达 15.2%，几乎是不可能达到的，[①] 这意味着居民确实对房价增长过度乐观。这就说明，为什么居民会认为购买住房是一桩“低风险、高收益”的投资，从而增加了住房需求，抬高了房价水平。尽管另外一些研究（Nathanson & Zwick，2012）认为只有“边际购房者”（marginal buyer）的期望才会对未来的房价走势产生影响，但是正如巴尔斯基（Barsky，2009）对日本资产泡沫的研究所证实的，在缺房卖空机制和信息不完全的住房市场，（即使是少数）乐观者的预期也会主导整个价格走向，推高房价，而不断上升的房价恰恰又证实了之前预期的“合理性”，从而形成了一个“正向反馈”，最终产生了泡沫。

① 如果这一预期真正实现，意味着十年后的房价将是当前（2005 年）房价的 4.5 倍。

第二章

中国家庭住房选择的生命周期模式

传统上，住房被视为一种耐用消费品，能够在多期内为家庭提供居住服务。和其他的消费品一样，家庭的住房消费也具有明显的生命周期特征：家庭在青年时期，由于受到预算约束的限制，一般只能采用租房的形式来享受住房服务。而随着年龄的增长和收入水平的增加，以及财富的积累，家庭开始拥有自有住房，从而能够享受良好居住环境所带来的效用。以往对家庭住房生命周期的研究往往是基于简化型模型，这些研究虽然能够通过计量模型的符号“检测”出住房生命周期特征的大概形状，却无法确切知道模型中每一个要素（比如抵押贷款首付比、退休后收入）对家庭整个生命周期到底有多大的影响，而这些问题又恰恰是政策制定者所关心的。反之，基于动态结构模型的方法，虽然能够提供以上问题的答案，但是这些答案是否符合实际，严重地依赖于模型设定是否正确。

考虑到简化型（reduced form）计量模型和结构化（structural form）的动态模型在分析家庭住房生命周期和家庭住房拥有率方面各自存在的问题，我们在本章和第三章中，分别采用两种方法对中国家庭生命周期的住房选择进行研究。本章，我们在一个有限期的动态生命周期模型中考虑了住房的若干特征，以及住房市场中存在的各种“摩擦”。在模型中，具有理性预期的家庭在各个年龄段，面对不同的总体（房价）和特异性（收入水平）冲击，做出最优的住房和消费决策。在通过数值方法获得家庭最优化问题的解之后，我们模拟个体（agent）在整个生命周期的住房决策，并且按照年龄段进行加总，试图复制出整个经济中住房需求（体现为家庭的住房自有率）的生命周期特征。在下一章中，我们将用微观计量的方法来分析，中国长期存在的城市户籍制度如何影响非户籍的移民家庭的住房需求。

第一节　住房的特点

住房与一般商品和金融资产相比，具有一些“特殊”的属性，我们希望将这些属性纳入模型之中。

（一）流动性（illiquid）差

流动性指资产能够以较小的成本进行转手交易的能力。与一般的金融资产（如债券、股票）相比，房产的转手需要花费相当的时间和成本：根据美国住房中介协会的估计，美国住房的平均转移成本相当于住房价值的5%（Iacoviello & Pavan，2013）。此外，家庭还必须花费相当多的时间在市场上搜寻合适的住房。房产具有较差流动性的一个直接后果是，家庭对住房（尤其是自有住房）进行调整的频率非常低，根据巴加里等人（Bajari et al.，2013）对PSID数据的估算，美国家庭对自有住房进行调整的年度概率只有0.068①，而股票资产的平均换手率超过100%，这意味着平均而言家庭每年都会出售持有的股票至少一次。

① 样本期为1980—1993年，超过15000户家庭。自有住房调整包括租户成为业主，以及业主对现有住房进行调整的情况。

（二）不可分割性（Undivided）

房产的不可分割性指家庭只能从有限的房产种类中进行选择，也就是说，住房作为一种商品或者资产本身就具有“离散性”的特点，比如现实中，家庭往往首先选择面积较小的“刚需房”，在家庭资产积累到一定程度的时候再更换到面积更大的“改善型”住房居住。同时，住房消费一般也具有某种“自然下限”，家庭一般无法只居住在 1 平方米的住房。住房的“不可分割性”所造成的一个后果是，家庭无法充分分散由房屋价值变动所带来的风险。

（三）住房同时具有商品和金融资产属性

住房身兼商品和金融资产“双重属性”这一特征，我们已经在第一章中做了详细的阐述。不过本章中，我们还是更关注其商品属性，当然，这里面也包含了家庭对购买自有住房还是租房的选择。本章的模型还纳入住房金融属性的另一个重要现实特征，即家庭可以将住房作为抵押品进行融资，这是一般的商品所不具备的。然而，不管是为未来的升值预期而买房，还是将住房作为抵押品，家庭在利用住房的“金融属性”方面还是存在诸多的限制条件，比如已经提及的高额的“交易成本”，再比如用住房抵押融资时必须低于一定的“杠杆率”，等等。对于这些特征和限制条件，我们都会在模型中加以考虑。

第二节 模型设定

我们希望在动态随机模型中考察家庭住房的生命周期特征。与以往基于简化型计量经济模型的研究不同，我们的模型中个人的住房决策都是“理性的最优选择”，只不过由于初始禀赋的差异，以及个体面临的收入和房价的随机性，每个家庭的住房决策表现出来的生命周期特征会有所差异。不过，如果我们将大量家庭的决策加总起来，形成整个经济中的住房总需求，这时总需求表现出来的生命周期特征，或者说住房拥有率在每个年龄上的分布，就具有很好的代表性。最后，将模型模拟出来的住房需求周期特征与我们在数据中观察到的特征相比较，可以检验模型设定的合理性。

一、模型环境

由于我们关心的是家庭住房选择的生命周期特征，所以我们采用一个有限期模型：家庭从 20 岁开始独立生活并进入模型中，在 60 岁时退休并在 80 岁以概率 1 死亡，一共生活 $T=61$ 期。家庭的总效用方程为：

$$U = E_t\left[\sum_{t=1}^{T}\beta^{t-1}u(c_t, s_t)\right] \tag{2.1}$$

其中 $0<\beta<1$ 为贴现系数。最后，我们假定住房供给是固定的。[①]

二、偏好

我们采用的家庭的效用函数形式类似于标准的 CRRA 效用函数（式 2.2），包括两种商品：一般消费品 c_t 和住房服务 h_t。所不同的是，我们采用指数函数的形式来刻画住房服务所带来的效用，此外，还有一项 $\mu(\phi h_t)$ 表示拥有自有住房给家庭所带来的额外的收益。[②] 同时，为了简化分析，我们假定家庭的劳动供给是无弹性的，因此效用函数中没有包括“闲暇”。

① 当然，这可能与中国的现实不符，但是会大大减轻现有模型的求解难度。我们将在第四章中考虑一个包括住房供给的房价动态模型。

② 文献中验证的来自自有住房的额外收益包括：提高子女的成绩（Aaronson，2000），促进家庭投入更多的精力和资源改善社区环境（DiPasquale & Glaeser，1999），增强家庭成员幸福感（李涛等，2011），增加消费（Stroebel & Vavra，2015）等。

$$u(c_t, h_t) = \frac{c_t^{1-\gamma}}{1-\gamma}\exp\theta(\phi h_t) + \mu(\phi h_t) \tag{2.2}$$

参数 θ 和 μ 表示家庭从拥有自有住房中获得的额外的效用（可能为负）。其中 θ 决定住房与一般消费品是互补品（$\theta>0$）还是替代品（$\theta<0$）。[①] μ 决定住房对于家庭而言，是奢侈品（$\mu>0$）还是必需品（$\mu<0$）。此外，参数 ϕ 衡量的是不同类型住房给家庭带来的相对效用，比如：我们假设当家庭居住在“改善型”住房中时，$\phi=1$；而居住在“小户型住房”中时，$0<\phi<1$；而当家庭租房居住时，$\phi=0$。此时，我们也能看到采用指数型住房效用函数所带来的好处，当 $\phi=0$，家庭的效用函数变为：

$$u(c_t, h_t) = \frac{c_t^{1-\gamma}}{1-\gamma} \tag{2.3}$$

是一个标准的 CRRA 效用函数。

三、预算约束

方程（2.4）给出了家庭所面临的预算约束，并且根据家庭当期和上一期的住房选择（h_t 和 h_{t-1}）划分为三种类型。这也体现出住房作为一种消费品的“不可分性”。

$$A_{t+1} = (1+r_t)\begin{cases} A_t + w_t - c_t - I_t^h \cdot p_t h_t - (1-I_t^h)\cdot S_t, \text{ if } I_{t-1}^h = 0 \\ A_t + w_t - c_t - I_t^h \cdot p_t h_t + (1-\delta_H)\cdot p_{t-1}h_{t-1} + \varphi(h_{t-1}, h_t) \\ \quad \text{if } I_{t-1}^h = I_t^h = 1 \text{ and } h_{t-1} \neq h \\ A_t + w_t - c_t, \text{ if } I_{t-1}^h = I_t^h = 1 \text{ and } h_{t-1} = h \end{cases} \tag{2.4}$$

预算约束中，最重要的是家庭的住房选择 I_t^h，$I_t^h=1$ 表示家庭在当期选择拥有自有住房，$I_t^h=0$ 表示家庭在当期选择租房。$p_t h_t$ 表示购房的花

① 当 $\theta>0$ 时，效用函数的对消费品和住房的交叉导数 $\partial u(c, h)/\partial c \partial h>0$。

费，S_t 表示租金。家庭在上一期租房的情况下，他在这一期期初需要选择租房、购买“刚需型”住房还是购买“改善型”住房，花费分别为 S_t、$\tau p_t h_t$ 和 $p_t h_t$，其中 τ 表示“改善型”住房与“刚需房”房价之比。[①] 家庭在上一期已经拥有自有住房的情况下，他在这一期是否要“换房”[②]：他可以从“小户型”住房换到“改善型”住房中，或者相反。不过，他需要为此支付两笔额外的费用，首先，他在卖出原有住房时发生一定比例的折旧，表示为 δ_H。此外，他还要支付一定的交易成本，这可以理解为购买新房之前选房时所发生的“搜寻成本”，还有交易时所发生的税费等，这些都体现出住房的“流动性差”特征。我们将这些成本表示为 $\varphi(h_{t-1}, h_t)$。最后，如果家庭仍旧住在上一期的住房中，情况就会变得非常简单，我们不再赘述。

除了与住房有关的变量，预算约束中还包括其他部分。A_{t+1} 表示下一期的财富水平，A_t 表示上一期（$t-1$ 期）已经决定的财富水平，w_t 表示家庭当期的收入水平，c_t 表示当期的消费。$1+r_t$ 表示整个经济在第 t 期的实际利率。注意，由于本节集中考察在住房的商品属性下，家庭住房决策的生命周期特征，所以模型中并未包括不同类型的金融资产。可以这样理解，家庭只能通过储蓄（体现为 $A_t + w_t - c_t -$ 住房支出）和住房两种方式进行跨期资源配置。当家庭成员在 60 岁（$T=40$）退休之后，预算约束中的工资部分被养老金替代，我们根据中国现有制度设定的“养老金替代比”为 70%，也就是家庭获得的养老金相当于其最后一期工资收入的 70%。[③]

除了预算约束之外，家庭还需要满足以下两个约束条件。

（1）每一期的消费必须严格为正。

---

① 当然，在理想的情况下，我们希望同时在模型中纳入两种住房价格的随机过程，此时 τ 就是一个内生变量而非常数，但是这种设定会给我们本来已经比较复杂的模型求解增加更大的难度，所以没有采用这一设定。

② 我们在模型中假设家庭只能同时拥有一套住房。

③ 宋铮等人（2015）。

（2）债务约束：债务水平 d_t 不能超过当期拥有住房价值或者收入水平的一定比例。[①] 显然，当家庭是租房时，他的净资产（债务的负数）必须为正。

$$c_t > 0, \ d_t \leqslant \min\{m_H p_t h_t, \ m_w w_t\} \tag{2.5}$$

最后，在这个简单的生命周期模型中，我们假定家庭的收入水平 w_t 和房价水平 p_t 都是外生的，并服从如式（2.6）的随机过程。

$$\begin{aligned} &\ln\omega_{i,t} = f(X^{\varpi}_{i,t}) + y_{i,t} \\ &y_{i,t} = \eta^y_{i,t} + v_{i,t}, \ \eta^y_{i,t} = \rho_y \cdot \eta^y_{i,t-1} + \xi^y_{i,t} \\ &v^y_{i,t} \sim N(0, \ \sigma^2_{\nu,y}), \ \xi^y_{i,t} \sim N(0, \ \sigma^2_{\xi,y}) \end{aligned} \tag{2.6}$$

在收入水平的随机过程中，$\omega_{i,t}$代表家庭在第 t 期的收入，$f(X^{\varpi}_{i,t})$ 代表家庭的一系列可观测特征的函数，如劳动者的年龄、受教育程度等。通过 $f(X^{\varpi}_{i,t})$ 对对数化后的收入水平 $\ln\omega_{i,t}$进行 OLS 回归之后，我们得到收入的残差 $y_{i,t}$。接下来，我们假设收入残差项可以被分解为两部分：永久性冲击（Permanent Shock）$\eta^y_{i,t}$和暂时性冲击（Transitory Shocks）$v_{i,t}$，而永久性冲击又服从一个自相关系数为 ρ_y 的自相关过程。暂时性冲击 $v^y_{i,t}$和残差 $\xi^y_{i,t}$分别服从均值为 0，方差为 $\sigma^2_{\nu,y}$ 和 $\sigma^2_{\xi,y}$ 的正态分布，并且相互独立。房价 p_t 服从类似的随机过程，所不同的是，房价对于所有家庭都是一样的，所以变量中没有下标 i。

$$\begin{aligned} &\ln p_t = g(X_t) + h_t \\ &h_t = \eta^h_t + v^h_t, \ \eta^h_t = \rho_h \cdot \eta^h_{t-1} + \xi^h_t \\ &v^h_t \sim N(0, \ \sigma^2_{\nu,h}), \ \xi^h_t \sim N(0, \ \sigma^2_{\xi,h}) \end{aligned} \tag{2.7}$$

我们将在模型校准部分对这两个系数的估计进行详细的介绍。

第三节 参数校准

在介绍完模型环境和基本设定后，我们就可以开始着手求解模型了，

① 定义为“负资产”，$d_t = -A_{t+1}$，如果 $A_{t+1} > 0$ 债务约束条件当然满足。此外，如果我们将这个关系带入预算约束，可以发现当 r_t 不大时，$1 - m_H$ 近似等于住房的首付比例。

不过在此之前，我们需要确定模型中的参数。我们采用三种方法来确定参数的数值，对于诸如效用函数的跨期替代弹性 γ，贴现因子 β 这样的系数，直接采用已有研究文献中的数值。接下来，我们采用中国的微观数据估计收入和房价这些随机过程中的参数，房价与租金比。

在估计中国家庭的收入过程时，我们采用的是“中国家庭与营养调查”（CHNS）数据，这一调查从 1989 年开始，已经进行了 6 次，是我们可用的时间序列最长的家庭微观调查。一次调查，一般包括 9 个省份，4000 多户家庭，19000 个个体，问卷涵盖了家庭成员的人口学信息、身体状况和收入。在合并各年度数据并删除异常样本①之后，我们在一个面板回归模型中用一系列人口学特征②和调查年份的哑变量对（对数化后的）家庭收入③进行回归，得到年龄（age），年龄平方（age^2）的系数和收入的不可观测部分的残差 $y_{i,t}$。接下来，我们利用 GMM 的方法对剩下的模型参数进行估计，所依赖的“矩条件”如方程（2.7）和（2.8）所示④

$$var(y_{i,t}) = \sigma_{\nu,y}^2 + \sum_{i=0}^{k-1} \rho^{2j} \sigma_{\xi,y}^2 = \sigma_{\nu,y}^2 + \frac{1-\rho^{2k}}{1-\rho^2} \cdot \sigma_{\xi,y}^2 \quad (2.8)$$

$$cov(y_{i,t},\ y_{i,t-s}) = \rho^s \cdot \frac{1-\rho^{2j}}{1-\rho^2} \cdot \sigma_{\xi,y}^2,\ s < t \quad (2.9)$$

针对 T 次调查，我们一共生成了 $T(T+1)/2$ 个矩条件。最后获得的参数估计结果如表 2.1 所示。

① 具体而言，我们删除了具有如下情况的家庭样本：连续观测年数小于 5；调查期内变更过户主；离婚；或者年收入小于 1000 元人民币或年收入增长率大约 500%；居住于农村地区；家庭主要劳动力已经退休。最后的样本包括 536 户家庭的 2705 个观察值。

② 年龄、年龄的平方、受教育程度、性别、工作单位性质（国有集体企业、私营企业、政府事业单位）。

③ 已经根据年度 CPI 进行了购买了调整。

④ 注意，由于我们采用的是一个有限期模型，所以生成的矩条件和无限期模型下的情况有一些差异。

表 2.1　　房价与收入过程参数估计

参数名称	系数	标准差
房价过程：		
Trend	0.0861071	0.0079322
$Trend^2$	0.000956	0.0006376
ρ_h	0.9388	0.0066
$\sigma^2_{\xi,h}$	0.0385	0.0045
$\sigma^2_{\nu,h}$	0.0187	0.0064
收入过程：		
age	0.0599114	0.0071413
age^2	-0.0005846	0.000082
ρ_y	0.9653	0.0131
$\sigma^2_{\xi,y}$	0.0361	0.0045
$\sigma^2_{\nu,y}$	0.2641	0.0111

为了估计中国房价变化的随机过程，我们利用来自《中国城市统计年鉴》的数据构造了一个包括 239 个城市 2002—2015 年平均房价水平[①]的平衡面板数据。与估计收入过程的方法类似，我们首先用 OLS 估计方法获得房价的增长趋势和不可观测部分的残差 h_t，将其分解为两种冲击，并用 GMM 对系数进行估计。房价随机过程的参数估计结果如表 2.1 所示。

此外，我们还对偏好参数，以及模型中的其他参数进行了校准，我们在表 2.2 中报告了参数的取值及来源。

① 定义为“城市商品住宅销售总额/商品住宅销售面积”。

表 2.2 模型参数校准

定义	参数	校准值	来源
偏好参数			
贴现因子	β	1.001	He et al. (2015)[①]
CRRA 系数	γ	3.3	He et al. (2015)
住房相对效用	ϕ	0.9	Attanasio (2012)
衡量住房是否奢侈品	μ	0.26	Attanasio (2012)
住房效用	θ	0.115	Attanasio (2012)
其他参数			
住房交易成本	φ	0.06	Li & Yao (2007)
住房折旧率	δ_H	1.7%	Davis et al. (2016)
养老金替代比		70%	宋铮 (2015)
房价比	τ	0.48	中国数据计算[②]
利率水平	r	1.4%	中国数据计算[③]
住房抵押比例	m_H	0.7	中国数据计算[④]
收入抵押比例	m_w	3	Attanasio (2012)

第四节 模型求解

在介绍完模型环境和基本设定后，我们就可以着手求解模型了。与大多数随机动态模型类似，以上的模型没有解析解，我们必须用数值方法进行近似求解。可以将模型写成下面的贝尔曼方程的形式：

① 匹配 2000—2012 年中国家庭的平均储蓄率（25%）。
② 住宅均价/高档公寓均价，数据来自 Wind 数据库。
③ 近似 1986—2006 年存款利率水平。
④ 近似“1—抵押贷款首付比”。

$$V_t(A_t,\ h_{t-1},\ I_{t-1};\ p_t,\ w_t,\ age) = \max_{\{c_t,h_t,I_t\}} U(c_t,\ s_t) + \beta E_t V_t(A_{t+1},\ h_t,\ I_t;\ p_{t+1},\ w_{t+1},\ age) \tag{2.10}$$

其中状态变量（state variable）包括 A_t，p_t，w_t，age，决策变量是 c_t，h_t，I_t。

由于模型中同时包括离散选择（住房）和连续变量（一般消费品，其他资产等），家庭最优选择问题的值函数并不是一条“性状良好”的曲线，我们也无法利用如一阶条件（Euler 方程）这样的快速解法对模型进行求解。在这种情况下，我们最终采用更加稳健但也更耗时的不动点迭代法来对模型进行求解。

考虑到我们的模型只有有限期，我们选择采用“逆推法”（backward induce）。在最后一期（T=60），为了避免“庞兹骗局”（Ponzi Scheme）情形的出现，我们要求家庭的净资产必须非负，同时由于我们在模型中假设家庭不存在遗产动机，所以家庭会完全消费掉最后一期剩余的所有资产（包括住房）。同时，在满足预算约束的情况下，我们可以很容易地得到当期的决策变量的政策函数（policy function）。在之后的 T－k，$1 \leqslant k \leqslant T-1$ 期中，家庭则需要在不同的房价、收入和状态变量（如上一期住房选择）的组合中做出最优决策：$C_t(h_t,\ I_t,\ p_{t-1},\ w_{t-1},\ age)$，$I_t(h_t,\ I_t,\ p_{t-1},\ w_{t-1},\ age)$ 和 $h_t(h_t,\ I_t,\ p_{t-1},\ w_{t-1},\ age)$，并最终得到我们想要的政策函数（policy function）。

为了迭代的方便，我们采用陶亨（Tauchen，1986）提出的经典方法，将连续变量（如房价、家庭收入）的随机过程转化成离散的马尔科夫链（Markov chain）过程。本章各采用 15 个格点来近似房价和收入过程，这已经可以保证很高的精确度。最后，在最内层的循环中，我们采用 100 个格点来近似存量资产，并且在资产接近于 0 的地方安排了更加密集的格点，从而更好地刻画家庭可能面临的信贷约束。

第五节 模拟结果

一、准参数模型

为了模拟实际经济中的情况，我们随机模拟了1000个家庭在60期（20~80岁）的住房选择情况。这些家庭面临着不同的初始财富，并在每一期中面对不同的收入冲击和相同的房价变化。面对这些不确定性，每个家庭根据我们已经求解出来的政策函数，内生地做出最优的住房决策。我们将根据基准参数模拟的家庭住房拥有率状况绘制在图2.1中。可以看出，本章所构建的模型，在家庭生命周期初期（20~55岁）很好地刻画了家庭逐步拥有自有住房的过程：在面临预算约束时，先租房，再贷款购

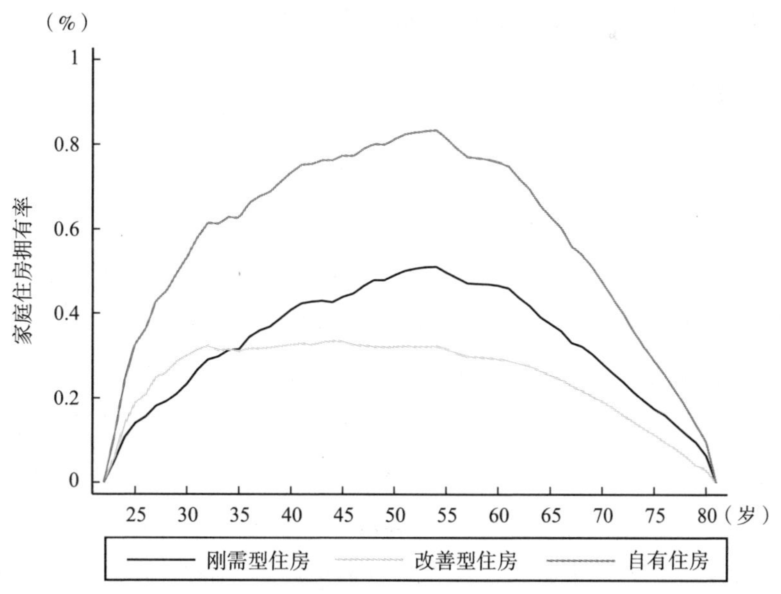

图2.1 模型模拟的家庭住房拥有率

买较为廉价的“刚需型”住房。当家庭积累了一定的财富之后，就可以置换到能带来更大效用的“改善型”住房中。家庭整体的住房拥有率在55岁左右达到约80%的水平。

但是，我们所模拟的家庭住房拥有率在55岁之后出现一个显著的下降趋势，并在生命期临近结束时趋于零，这与现实数据中，家庭的住房拥有率在60岁之后仍然保持较高水平的特征事实不符。造成这一现象的原因也比较明显：我们在模型中并未考虑老年家庭的遗产动机，也没有考虑寿命的不确定性。在这种情况下，老年家庭会选择在剩下的时间里将所有资产消费掉，以实现总效用的最大化。将这些因素包括在模型之中，从而更好地拟合现实情况，是我们未来研究的方向。

二、“反事实”试验

在考察基准参数设定下的模拟结果之后，我们还想考察某些我们感兴趣的参数对家庭住房需求模式的影响，比如“养老金替代比”。根据宋铮等人（Song，2015）的估计，1997年养老金改革之前，城市国有和集体企业的平均“养老金替代比”高达80%。而在1997年养老金制度改革之后，按照退休时间，劳动者被划分为“老人”（1997年退休），“新人”（1997年参加工作）和“中人”（介于老人和新人之间）。如果忽略“中人”，根据宋铮等人（2015）的估计，“老人”和“新人”的劳动替代比分别达到78%和60%。综合考虑以上情况，我们将城市家庭的劳动替代比设定为70%，这也是我们在基准参数中所设定的值。然而，众多的农民工家庭由于没有城市户口，也没有单位可以帮助缴纳养老保险，而不能享受正常的养老保险。2009年后，中国开始在农村地区推动实施新型农村社会养老保险试点，根据宋铮等人（2015）的估算，在考虑各地支付比例的差异之后，农村或农民工家庭平均的养老金覆盖率为20%。我们想了解这种城市家庭和农民工家庭之间在享受养老保险方面的巨大差异，是否会影响其住房需求的生命周期特征。因为对于覆盖率较低的个体而言，他们可能出于为退休后进行“预防性储蓄”的动机，而避免购置类似住房这样的“流动性”较差的资产。

在图 2.2 中，我们画出了不同的“养老金替代比”下，家庭总的住房拥有率情况。出乎意料的是，较低“养老金替代比”反而提高了家庭对住房的需求。我们认为有两种可能造成了这种“不合理”情形：一是面对高速增长的房价，[①] 家庭可能将买房作为一种“为退休而储蓄的手段”。另外一个可能性大的原因是，由于数据可得性的原因，我们无法估计城市家庭和农民工（或）农村家庭在申请抵押贷款方面所面临的差异，而现实中，尽管收入水平类似，但是，由于职业稳定性较低，城市中的农村务工家庭在申请贷款时往往会面临“歧视”，这会导致其推迟购置自有住房进程。我们目前的模型中还未能纳入这部分特征。

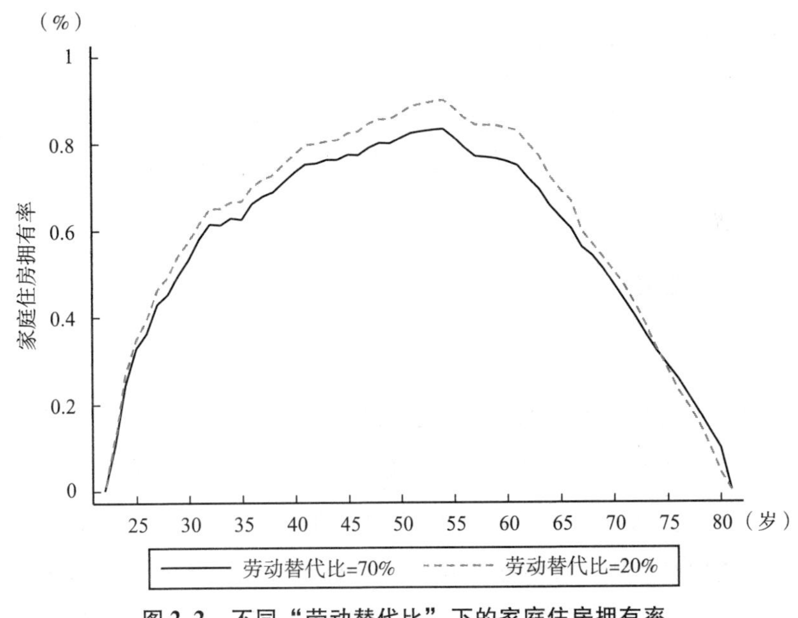

图 2.2　不同“劳动替代比”下的家庭住房拥有率

① 在我们估计的参数中，房价的平均增速（0.086）明显高于收入的增长（0.059）。

尽管如此，如果我们只看“供需型”住房的需求（见图 2. 3），那么较低的“替代率”确实会推迟家庭拥有自有住房的进程。

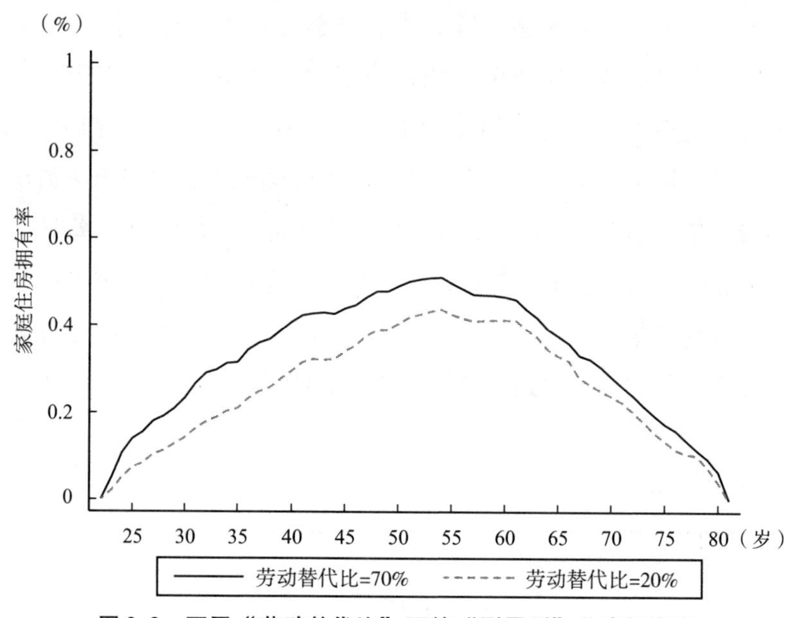

图 2. 3　不同“劳动替代比”下的“刚需型”住房拥有率

第六节　结论

本章，我们在一个有限期的动态模型中考虑了住房的若干特征，以及住房市场中存在的各种“摩擦”。在模型中，具有理性预期的家庭在各个年龄段，面对不同的总体（房价）和特异性（收入水平）冲击，做出最优的住房和消费决策。在通过数值方法获得家庭最优化问题的解之后，我们模拟个体（agent）在整个生命周期的住房决策，并且按照年龄段进行加总，试图复制出整个经济中住房需求（体现为家庭的住房自有率）的生命周期特征。

在复制现实数据中表现出来的家庭住房需求模式方面，我们的模型既取得了成功，也存在不足。首先，模型成功地模拟出家庭的住房拥有率在生命周期的早期阶段快速上升的事实，并且我们也发现，“养老金替代比”的降低会明显抑制家庭购买自有住房的进程。但同时，由于我们在现阶段受到数据可得性和计算能力的限制，忽略了一些重要的特征，比如家庭的“遗产动机”，农民工家庭在申请抵押贷款时可能受到的“歧视”，不同类型住房可能面临不同的增长趋势，等等。这些特征都会对模拟结果产生影响。

尽管有一些不足之处，但我们认为，本节中的理论模型为未来建立包括更多显示特征的一般均衡模型，以及在这样的模型上进行政策模拟奠定了一个坚实的基础。

第三章

户籍与城市家庭住房需求

第一节 引言

高速、大规模的城市化被认为是当代中国经济转型重要的特征之一。根据世界银行的统计,① 1978 年,中国只有不到 20% 的城镇人口,而到了 2012 年,这一比例上升到 52.6%,30 年间城镇人口增长超过 5 亿。城市化进程有利于物质资本和人力资本的集聚、知识的传播,从而促进了生产率的提高,成为中国经济长期快速增长的重要推动力。同时,大量进入城市的“新移民”所带来的住房需求也推动了 10 年间房地产市场的空前繁荣。

然而,中国的城市化是不完整的,以户籍为代表的城乡二元分割体制依旧存在,新移民在为城市创造繁荣的同时,并没有完整地享受到他们应得的回报。根据世界银行的统计,截至 2013 年,约有 2.6 亿生活在城市的外来务工人员没有城市户籍,在现有制度下,这往往意味着他们无法完整地享受作为城市居民而应该享受的公共服务和社会保障:大到子女就近

① 世界银行研究报告《中国:推进高效、包容、可持续的城镇化》。

接受教育受到限制；小到无法在当地办理结婚登记，如此等等，不一而足。同时，在劳动力市场上，非本地城镇户籍居民也往往受到各种直接或间接的“歧视”。城市户籍——这一制度上的限制，对非当地户籍移民的行为和心理都产生了深刻的影响。在第二章，我们已经用动态模型模拟出一般条件下，中国城市家庭住房需求的生命周期模式，而在本章中，我们则采用微观计量的方法，对户籍制度对于城市家庭，尤其是移民家庭住房需求模式的影响进行深入的分析。

对于大多数城市新移民而言，获得住房服务主要通过两种形式：购房和租房。大量城市经济学领域的研究已经证实，拥有自有住房会增加家庭的福利，同时促进社区和城市的发展，从而产生明显的“正外部性”。正因为如此，很多西方国家长期以来都采取各种措施来帮助家庭获得自有住房。[①] 中国政府也开始逐步注意到这个问题，早在1998年发布的关于住房改革的通知中，就有“保障经济适用房供应，满足中低收入家庭住房需求”的内容，在过去10年的政府工作报告中，也多次提到“让人民群众安居乐业”[②]“努力实现居者有其屋的目标”。[③] 然而在微观调查数据中，我们观察到的是，城市原住居民、户籍移民和非户籍移民在自有住房拥有率[④]上存在巨大的差异。在表3.1所显示的描述性统计中，各样本家庭的住房拥有率都随着年龄的增长而呈上升态势，我们不妨称为住房的“年龄阶梯”。[⑤] 在各个年龄组中，城市原住家庭和“农转非”家庭[⑥]的住房拥有率都显著高于非户籍移民家庭，而且这种差距随着户主年龄的增长而不断

① 主要包括对购买自住房产所产生的抵押贷款利息进行所得税抵扣；直接对购买自有住房进行补贴（grants）；对抵押贷款进行信用增级（credit enhancement）等。

② 2008年政府工作报告。

③ 2009年政府工作报告。

④ 住房拥有率指家庭拥有自有住房的比例，这对应每个家庭拥有自有住房的概率或者其住房需求。我们在后文中，在不引起歧义的情况下，不加区别地使用两者。非户籍移民指居住地和主要经济活动地在当地（城市），但不拥有当地户籍的家庭。

⑤ 根据已有研究，20～45岁是家庭“攀登”住房“年龄阶梯”最重要的时期，之后家庭住房拥有率保持相对的稳定，因此我们在表3.1中选择户主处于这一年龄段的家庭。

⑥ 这一类家庭具有移民经历（从外市、县农村地区移居至本市），但已获得当地城市户籍。

扩大，当户主年龄介于40～44岁之间时，非户籍家庭住房拥有率低于30%，和另外两类家庭的差异高达近60%，而相对照的，“农转非”类型家庭，虽然在早期（25～34岁）住房拥有率低于城市原住家庭，但是在后期逐步赶上并超过前者。以上目标和现实的差距说明，考察住房拥有率的影响因素，尤其是家庭移民经历和户籍地位对不同家庭间住房拥有率差异的影响，对我国制定相关政策具有重要的现实意义。

表3.1　家庭住房拥有率　单位：%

	20～24岁	25～29岁	30～34岁	35～39岁	40～44岁
中国（2013年）	24.34	37.88	60.81	71.64	73.87
城市原住家庭	—	58.47	78.86	87.10	84.42
“农转非”家庭	—	52.64	74.55	89.81	86.99
非户籍家庭	—	13.84	23.94	27.27	27.96
美国（2013年）	21.8	34.5	48.4	55.4	64.3

注：表格中，中国数据来源于2013年第二轮中国家庭金融调查（CHFS），美国数据来自美国统计署发布的2013年美国当前人口调查（Current Population Survey）。中国数据中三个子样本都没有报告20～24岁年龄组的住房拥有率，因为户主在这个年龄组的家庭观察值很少，统计误差较大。

同时，理论层面上，虽然在欧美国家，学术界对移民住房拥有率的研究已经有30多年的历史，但是对中国相关问题的研究还十分有限。此外，到目前为止，国外的相关研究主要集中于考察不同来源国家移民住房拥有率的差异，并且将这种差异归因于不同移民群体的文化差异。但中国的情况有所不同：城镇化过程中绝大多数移民都是国内移民，而且在汉族占人口大多数的情况下，用文化差异解释住房拥有率的差异缺乏说服力，由此，本章试图从中国特殊的制度背景（如户籍）出发寻求更合理的解释。最后，由于在现有的户籍制度下，移民家庭的户籍地位并不是随机分配的（Chan & Buckingham，2008），如果我们要考察户籍对住房拥有率的影响，必须考虑户籍地位这一处理变量的内生性（endogeneity）问题。因此，本章中的研究方法也具有一定的理论意义。

通过本章的研究我们发现，在控制详细的家庭人口特征、就业收入情况、区域特征、房地产市场特征，同时考虑移民的样本选择问题和获得户籍的内生性的条件下，家庭户主是移民这一事实（下文称移民经历）并不会在整体上降低家庭拥有自有住房的概率，只会显著地推迟家庭的购房行为；相反，家庭户主未获得当地城市户籍，则会显著地降低这一概率。同时，我们识别出两个潜在的作用机制来解释这种负向影响：非户籍劳动者因劳动力市场上存在的“户籍歧视”而面临更大的“职业不稳定性”，降低了其短期购房意愿；非户籍居民面对户籍制度造成的社会保障不平等，有更强的预防性储蓄动机，从而挤出自有住房消费。

本章第二节回顾了家庭住房需求（住房拥有率）的已有研究；第三节介绍中国住房改革、户籍等相关的制度背景；第四节介绍了本章的实证模型设定、数据与样本描述、变量的选择；第五节报告了不同模型的估计结果以及稳健性检验；第六节给出一些可能的作用机制并对其进行了检验；最后是结论。

第二节　文献综述

家庭住房拥有率研究的经典文献主要关注经济、社会因素。首先是纯粹的经济因素，包括家庭的购买能力（收入），住房成本以及收入的不确定性。凯因和奎格利（Kain & Quigley，1972）指出因为住房具有耐用消费品的特殊性质，家庭在作出住房决策时会考虑整个生命周期“持久收入（permanent income）”而非“当期收入”，因此应该用估计的持久收入作为表示家庭购房能力的变量。罗森（Rosen，1980）建立并估计了一个关于住房成本的简单模型，在他的模型中，住房成本和抵押贷款利率、住房的折旧与维护费用、交易税金正相关，和因购买自有住房而享受的个人所得税减免、预期的房价升值负相关。这个阶段的研究，仅仅将家庭的住房决策简化成基于这些经济因素的成本—收益分析过程，事实上这是一种过度简化的建模策略，不过从中产生的许多结论还是被吸收到后续研究中，成为家庭住房决策领域研究的基石。

从 20 世纪 80 年代开始，研究者开始更广泛地关注人口和家庭因素对家庭住房决策的影响，比如对于年轻人而言，结婚会显著地增加对自有住房的需求，而子女出生或新增子女也会产生同样的效果（Clark et al.，1994；Andrew et al.，2003）。同样，大量研究发现随着年龄或教育程度的增加，个人或家庭对自有住房的需求也会相应增加，也就是具有"年龄阶梯"效应。如果将这些变量置于生命周期的视角下，我们不难看出，无论是结婚还是年龄的增长，都意味着个人和家庭生活趋于稳定，家庭成员们更倾向于在现居住地定居下来，这些因素都会增加对自有住房的需求。

上述研究可以被视作对一个"代表性家庭"在生命周期不同阶段住房决策的考察。此外，研究者也逐步开始考察那些本质更为不同的"社群"在住房决策上的差异，其中最典型的就是不同种族间，移民与非移民之间住房拥有率的差异。以美国为例，在 20 世纪 90 年代之前的许多实证研究中，研究者已经发现，在其他特征类似的条件下，黑人家庭较白人家庭具有更低的住房拥有率，这种现象往往被解释为住房市场存在对少数族裔的歧视。然而，尤吉科和莱曼（Gyourko & Linneman，1996）利用美国从 1960 年到 1990 年四次人口普查数据证实，在这 30 年中白人家庭和黑人家庭的住房拥有率差距在不断拉大，[①] 而同一时期正是美国民权运动取得重大成果的时期，所以这一事实很难用种族歧视来解释。博尔哈斯（2002）注意到，美国外来移民和本地居民的住房拥有率存在显著的差异，他通过对这一时期人口普查数据的实证研究发现，单纯控制经济和人口学因素无法解释这种差异，他进而提出并检验了两种可能的解释：（1）新的外来移民主要集聚在美国的东海岸和西海岸的大城市圈，而这些大城市的住房拥有率普遍偏低；

① 以中西部地区（Midwest region）为例，在户主未能获得高中学位的情况下，白人家庭和黑人家庭之间住房拥有率的差距从 1960 年代的 13.2% 扩大到 1990 年代的 23.5%；在户主完成高中学业但未能获得大学学位的情况下，这一差距从 1960 年的 6.6% 扩大到 1990 年的 16.6%。详见本书表 4。

(2) 主要移民来源地的变化。佩纳（Painter，2000）提出，在使用截面数据考察移民的住房拥有率时，如果不考虑计量分析中的“样本选择”问题，会造成估计的严重偏差。他利用1990年洛杉矶地区的人口普查数据进行研究，发现在考虑“样本选择”的情况下，年龄、移民虚拟变量的经济显著程度（系数绝对值）和统计显著程度（p值）都出现明显的下降。

上述研究主要是针对西方国家的房地产市场，在这些市场上，住房被纯粹视为一种商品，而从住房开发到销售的过程也完全是市场化的。同时，从20世纪80年代开始，以中国为代表的转型经济国家，其住房服务经历了一场从政府主导到市场主导的变革。然而这场变革并不是一蹴而就的，这体现为市场因素作用不断增强的同时，大量（计划经济制度遗留下来的）制度因素仍然对家庭的选择产生影响。针对1998年住房分配改革前的情况，符育明等（2000）利用其1997年收集的针对企业员工的调查数据进行研究，发现：由于大型国有企业能为员工提供更好的住房福利，从而降低了员工的购房意愿；相反，那些明确开始推行住房私有化政策的企业，员工有更强的自有住房需求。在“后住房改革时代”，周京奎（2010）考察了住房分配改革前后不确定性和制度因素对家庭自有住房需求的影响。他利用两轮CHIP数据研究发现，收入不确定性，失业风险，医疗花费不确定性，教育消费不确定性等会显著地降低居民的住房拥有率，不过这些结果在两轮调查样本中表现得并不稳定。[①] 作者分析这可能与住房分配改革的实施和同时期推进的社会保障制度改革的相互作用有关。

第三节　制度背景

正如我们已经在第一章第三节中详细介绍的，中华人民共和国成立之

① 如医疗花费不确定性的变量MED_UNC在以1995年为样本的估计结果中显著为负，而在2002年样本中不显著（Zhou，2011）。

后，城市住房的供应经历过一个从"单位"到市场的过程。时至今日，住房市场的供给基本实现了市场化，这意味着住房在市场上像商品一样交易，而不考虑购房主体的身份。然而，这一论断存在两个重要的例外：一是保障性住房；二是2010年开始，在全国46个主要城市实施的"限购令"。这两项政策最重要的共同点就是对非本地户籍家庭购房的限制。[①]在我们后文进行的实证分析中，这两项政策对非当地户籍居民住房拥有率的影响都体现在户籍变量的系数上。

户籍对城市家庭拥有自有住房的影响绝不仅限于住房市场的"供给端"，相比"限购令"，在住房需求方面，户籍对移民家庭的影响往往更加长久和深刻。根据已有的研究文献，户籍制度给非本地户籍[②]家庭所带来的不平等主要体现在两个方面：公共服务及社会保障的不均等，以及非本地户籍居民在劳动力市场上受到的"歧视"。

在中国现行的社会保障和公共服务体系下，居民能否享受到这些公共"福利"往往不取决于他物理上的居住地，而是取决于他是否拥有当地（城镇）户口。为了更清楚地说明，我们整理了30个直辖市、省会城市和计划单列市的有关政策法规中针对户籍身份的规定，如表3.2所示。在中国城市中，目前主要有两个并行的社会保险体系：一个是基于雇佣关系的城镇职工社会保障体系，一个是基于户籍关系的城镇居民社会保障体系。后者的规定中有许多针对非户籍居民和家庭的排他性条款，这被认为是造成非户籍居民在享受公共服务和社会保障方面的不平等的直接原因。而前者，虽然不依赖于职工的户籍，但是，由于非户籍居民本身的特征

① 中央政府颁布的"基本限购令"内容包括：各城市本地户籍与持人才居住证家庭，最多限拥有2套住房；外地户籍和境外人士最多限拥有1套；两次购房时间需相隔2年以上；禁止公司购房。暂停在本市拥有2套以上（含2套）住房的本市户籍居民家庭、拥有1套以上（含1套）住房的非本市户籍居民家庭、无法提供在本市1年以上纳税证明或社会保险缴纳证明的非本市户籍居民在本市购房。个别城市如北京，则出台了更严格的具体实施细则，将非本市户籍居民购买第一套房的条件提高为"连续5年缴纳社会保险和个人所得税"。

② 为了简化，我们在后文中用"非户籍家庭"指代没有所在城市非农业户籍，但是在该城市居住的家庭。

（学历偏低，在居住城市缺少社会网络）和城市劳动力市场上存在的“户籍歧视”（下一段详细论述），导致非户籍居民很难进入那些拥有较好社会保障的工作单位，如政府机关、事业单位和国有大中型企业（见表3.3），从而难以通过职工社会保障体系享受到应有的保障（比如，在大多数城市，非户籍居民必须通过“单位”才能缴纳社会养老保险，而对于从事个体经营的非户籍居民来说，这样的“单位”并不存在，从而给他们今后享受养老保险带来了困难），这是造成不均等的间接原因。

表3.2　　　　社会保障和公共服务对非户籍居民的限制

项目	有关户籍的规定
养老保险	
缴费年限	大多数城市，非户籍居民至少连续缴纳15年保费才能在当地享受养老保险
可携带性	大多数城市，非户籍居民离职可以申请提取养老金账户的个人缴纳部分，但是不能提取单位缴纳部分，该部分进入统筹账户（大约占8%）
自由职业者参保	以个人身份缴纳社会保险，本人必须是当地城镇户籍，非当地城镇户籍或农村户籍的可随单位参加社会保险。社会劳动保障法规定，非本地常住户口，不允许以自由职业者身份个人缴费购买社保，有照个体经营者、受聘单位者除外
失业保险	大多数城市不允许外地户籍居民在当地领取失业保险，少部分可以
住房公积金	大部分城市在住房公积金方面没有针对户籍的限制。但是个别城市（如广东省中山市）存在当地政府限制非当地户籍居民在离职回乡时提取公积金个人缴纳部分的例子
保障性住房	样本中所有城市都要求申请保障性住房的主体必须具有当地户籍
子女教育	（1）当地政府有义务为非户籍移民家庭的子女提供义务教育（Chan & Buckingham，2008），不过有些城市仍然对入学资格做出进一步限制：如上海市要求移民家庭必须拥有正式的劳动合同并且在当地缴纳社会保险；（2）当地政府没有义务为非户籍移民家庭的子女提供高中及以上的教育机会。同时这部分学生必须回户籍所在地参加高考
其他公共服务	大多数城市，非户籍居民必须回户籍所在地才能办理护照、港澳台通行证、结婚证

对非户籍居民的"歧视"并不仅仅体现在公共服务和社会保障方面，研究发现，在城市的劳动力市场上同样广泛存在着对非当地户籍劳动者的"歧视"。这些"歧视"主要分为两大类。一类是所谓的"工资歧视"，即"具有同样劳动生产率的劳动者，因为户籍类型的差别，在工资报酬方面存在的显著差异"（Song，2014）。第二类歧视是所谓的"雇用歧视"，即"具有同样劳动生产率的劳动者，获得同一份工作的机会存在显著差异"，如宋铮（Song，2013）发现户籍劳动力和非户籍劳动力被当地国有企业录用的概率存在显著差异，且其中35%的差异不能被两组人群人力资本方面的差异所解释。事实上，对我们的研究而言，"雇用歧视"可能比"工资歧视"更具有意义，因为在下文的实证分析中，任何可观测的收入差异对住房拥有率产生的影响，都被"吸收进"收入变量的系数中，而"雇用歧视"却更不容易被直接观测到。但它往往阻碍非户籍居民进入职业更稳定，社会保障更完善的政府机关、事业单位和国有企业，导致了这部分非户籍家庭在未来面临着更大的不确定性，从而具有更强的"预防性储蓄"动机，这可能造成对住房消费的"挤出"。最后，一些研究指出，非户籍劳动者有更低的"职业稳定性"（张春泥，2011），尽管对这一现象是否是由劳动力市场上的"户籍歧视"所造成的还存在争议，但这一事实确实可能对住房拥有率产生影响。

通过上述分析，我们相信，户籍地位对移民家庭生活和就业都具有重大的意义，从而可能会对这部分家庭的住房决策产生显著的影响。然而使问题更加复杂的是，户籍地位并不是随机分配的，而是由移民申请当地户籍的意愿和当地政府发放户籍的标准联合决定的。对于城市政府而言，对一个外来户籍人口发放当地城市户籍事实上是一种"成本—收益"分析的过程，因为发放户籍实际上也赋予了平等地享受当地各种公共服务和社会保障的权利，这意味着城市政府要付出相当的财政成本来提供这种"额外"的服务。根据张力和吴开亚（2013）的估计，北京和上海两城市每年的"人均基本服务成本"分别达到22769元和11940元，在他们统计的45个样本城市中，有42个城市的人均财政支出、21个城市的"人均基本服务成本”大于人均财政收入，这些数字都说明新增户籍人口会给当地政府带来很大的财政负担。新增户籍人口给城市带来的收益主要体现在增加城市的人力资本积累，从而增加城市的产出，促进经济和地方政府税收收入的增长。因此在理论上，户口发放的概率与其对公共服务的支出意愿正相关，而与地方政府的财政状况的关系不确定。政府还希望在等量的公共服务支出的条件下能吸引到具有更高生产率的劳动力，这体现在近年来各个主要城市纷纷开始实施的“积分落户”政策，其中最重要的一条标准就是申请人的受教育程度。对于城市政府而言，在发放城市户籍的时候，还有一项因素必须考虑，就是新增户籍人口可能给城市带来的“拥挤成本”（congestion cost），[①] 这对于像北京、上海这样人口密度已经很高的特大城市而言尤其重要，城市政府为了保证原有户籍居民的福利，可能会因此限制新户籍的发放。我们预期户口发放概率与城市人口密度负相关。以上的分析都是从城市政府的角度出发，我们还需要考虑移民家庭的落户意愿。何英华（2004）估计了家庭移民和获得户口的联合决策模型，结果发现，个人落户意愿（均值 0.94）大大超过政府发放户口的概率（均值 0.384），这说明“移民是否获得户口主要还是由政府决定”。因此，我们相对简化对个人申请户籍决策的分析，不过在后文的户籍决定方程中我们还是加入了一个家庭特征变量：户主所拥有的集体土地所有权估价的对数值。根据我国现行土地管理的有关规定，居民户口类型从农业转为非农业时，必须退回原有分配的集体土地，这种情况下，原有土地价值实际上代表了移民家庭转换户口类型在迁入城市落户的“机会成本”。[②] 我们预期这一变量和户口发放概率负相关。

最后，需要指出的一点是，中国正在进行的城市化进程在实现形式上具有多样性，除了农村居民背井离乡，“扛包进城”这一传统印象中的城

① 汪立鑫等（2010）。这里的“拥挤成本”主要指新增户籍人口会挤占当地具有“竞争性”的公共品，如学校的入学名额、道路空间等。

② 事实上，近年来新闻媒体多次报道过，城市周边农村居民因为预期到因高速城市化而带来的手中集体土地快速升值，而不愿意将原来的农业户口转换成非农业户口的现象。

市化形式之外，还包括欠发达地区的城市居民向特大城市集聚。另外，现实中还存在着所谓的“被城市化”的情况，[①] 由于城市扩张，征地拆迁等原因，部分城市近郊原来的村镇被纳入城市范围内，这些土地上原来的居民也（被动的）成为“新的”城市居民。[②] 然而，与传统意义上的移民不同的是，这些居民虽然身份变化了，但是大多仍然居住在自己原来的住房里，这些房屋大多是自建的。相对于前两种“真正”的移民而言，他们显然拥有更高的自有住房拥有率，[③] 这背后的逻辑不难理解，因为这些住房往往是他们失去土地的直接补偿。如果不加甄别地将这部分家庭纳入移民样本，无疑会高估移民的住房拥有率。虽然这种“被城市化”是非常重要的研究题目，但是从本章的研究目的出发，我们会排除此部分样本，具体有关样本的选择，见本章第四节。

第四节 计量模型设定与实证方法

一、计量模型设定

遵循住房拥有率研究的一般范式，我们设定 Probit 模型来考察不同因素对家庭购买自有住房概率的影响（后文称基准模型），具体模型设定如下：

$$homeowner^{*} = \delta_1 \cdot Hukou\_status_i + \delta_2 \cdot HP_j + X_i'\beta + regions_j + u_i \quad (3.1)$$

$$homeowner = (homeowner^{*} > 0) = (X'\beta + u_i > 0) \quad (3.2)$$

① 见甘犁 http://finance.sina.com.cn/china/20140909/074920240743.shtml。

② 其中有的已经获得了城市户口（大部分是因为征地），其余的还保留着农业户口。

③ 根据2013年的中国家庭金融调查（CHFS）数据，“未转换农业户籍”的“被城市化”家庭的自有住房拥有率超过90%，而根据后文我们利用同一数据的估算，“农转非”家庭的“被城市化”家庭的自有住房拥有率同样超过87%。

其中 homeowner* 为指代家庭是否拥有自有住房的潜变量（latent variable），如方程（3.2）所示，当 homeowner* >0 取值为 1，表示家庭拥有自有住房，否则取值为 0；Hukou_status 代表家庭的户籍地位；HP_j 代表所在城市房价的对数值；X 代表一系列有关户主和家庭特征的变量；$regions_j$ 是一系列区域和城市类别的虚拟变量。[①] 运用这一基本的计量模型设定，我们先后对全样本和移民子样本进行实证分析。首先，我们估计基准模型在包括城市原住家庭和移民家庭的城市家庭全样本上的回归结果。然而，正如本章第三节所详细论述的，由于各种制度或非制度的原因，城市的原住居民和移民家庭相比在很多方面都存在着很大的差异，这造成了两个群体间某种程度上的“不可比性”。为了在某种程度上解决这一问题，使模型估计系数更有意义，接下来，我们将样本限定在只包括移民家庭，[②] 这样有利于我们将关注的重点放在户籍地位对住房的影响上。

移民样本的基准模型只能估计那些实际上做出移民决策（从而进入了我们的估计样本）的家庭的购房行为，而对于那些没有做出移民决策的家庭，我们是观察不到的。此时，我们估计样本中的观察值不再是总样本的随机抽样，因此标准 Probit 模型的估计是有偏的（biased），也就是存在所谓的“样本选择”偏差（heckman，1979）。由于在我们研究的问题中，购买自有住房选择模型和移民选择模型的因变量都是二值虚拟变量，我们采用类似范德范（Van de Ven，1981）的模型设定来修正这一偏差。购房选择模型仍为方程（3.1）、（3.2），移民模型可以写成：

$$Immigrant_i^* = X'_{im} \cdot \mu_1 + des\_city_j \cdot \mu_2 + parents\_and\_siblings_i \cdot \mu_3 + \upsilon_i \quad (3.3)$$

$$Immigrant_i = (Immigrant_i^* > 0) = (z'_i \cdot \mu + \upsilon_i > 0) \quad (3.4)$$

$$u_i \sim N(0,\ 1),\ \upsilon_i \sim N(0,\ 1),\ cov(u_i,\ \upsilon_i) = \rho_1$$

① 在方程（3.2）第二个等号后面，我们将方程（3.1）中的自变量如 HP_j、$Hukou\_status_i$ 等写成紧凑形式 X。

② 具体而言，指有“移民历史”的家庭，“移民历史”的定义见后文。

给定方程（3.1）~（3.4）所建立的样本选择模型，我们可以立即写出它所对应的极大似然函数：

$$
\begin{aligned}
\ln L = & \sum_{i \in S}^{homeowner=1} \ln\{\Phi_1(X'\beta + u_i, \ z_i' \cdot \mu + \upsilon_i, \ \rho)\} \\
& + \sum_{i \in S}^{homeowner=0} \ln\{\Phi_1(-X'\beta + u_i, \ z_i' \cdot \mu + \upsilon_i, \ \rho)\} \\
& + \sum_{i \notin S} \ln\{1 - \Phi_2(z_i' \cdot \mu + \upsilon_i)\}
\end{aligned} \tag{3.5}
$$

其中潜变量 $Immigrant_i^*$ 表示家庭的移民行为，当 $Immigrant_i^* > 0$ 时虚拟变量 $mmigrant_i^* = 1$，表示家庭做出移民决策（从而出现在移民样本里），否则 $Immigrant_i^* = 0$；des_city_j 是一系列城市特征，如当年人均可支配收入、失业率等；$parent\_and\_sibling_i$ 代表一系列户主父母与兄弟姐妹特征的变量，包括在世父母的数量，兄弟姐妹的数量以及有父母在世这一虚拟变量与兄弟姐妹的数量的交叉项；[①] 购房选择模型的残差项 u_i 和移民选择模型的残差项 υ_i 都服从标准正态分布，它们的相关系数记为 ρ。值得注意的是，后两组变量（des_city_j 和 $parent\_and\_sibling_i$）构成了移民选择方程的"排除变量"（excluded variables），这样就避免了整个样本选择模型的可识别性完全依赖于选择模型的非线性性质，从而改善了整个模型的估计表现。

正如本章引言中所述，在上面的计量分析中，我们最关心的是户籍对家庭购买自有住房决策的影响。然而，正如第三节中所阐述的，户籍地位并不是随机分配的，这意味着购房决策方程（3.1）中表示户籍地位的变量 $Hukou\_status_i$ 具有内生性，[②] 从而使最终估计结果"不一致"（inconsistency）。根据已有的计量经济学文献，我们可以采用两种方法解决这一问题。第一种是工具变量法（Instrumental variable），我们可以尝试寻找一

---

① 吉尔斯和牟（Giles & Mu，2006）对中国移民劳动力市场的研究表明，父母是否患有严重的疾病或者是否在世，以及兄弟姐妹的数量，对个人选择是否移民具有显著影响。

② 这里户籍地位的内生性主要来自户籍决定方程中存在我们无法观察到的因素，从而产生"遗漏变量"问题。

些与获得城市户口的概率有关而与购房决策无关的变量，然后进行两阶段最小二乘，从而得到一致估计；另外一种是二元 Probit 模型（Binary - Probit Model），因为购房与否和获得当地城市户籍与否是两个二值虚拟变量，所以我们可以运用极大似然法同时估计两个方程，并假设它们的残差服从二元正态分布，可以看出，二元工具变量法比工具变量法更"结构化"，它需要具体地设定户籍决定模型。[①] 到目前为止，计量经济学理论并没有给出一个明确的模型选择标准，不过，齐波斯等（Chiburis et al.，2011）从统计极限理论和 Monte Carlo 模拟结果出发，比较了两种方法，结论是：在小样本（<5000）的情况下，二元 Probit 模型的表现要显著地优于工具变量法，尤其是在解释变量包括连续变量的情况下。事实上，"理想"的工具变量很难找到，即使存在，也可能是"弱工具变量"（Weak IV）。基于以上考量，我们在本章中采用二元 Probit 模型来解决户籍地位的内生性问题，具体模型设定如下。

$$Hukou\_status^* = \alpha Z + \beta_1 X_1 + \varepsilon_1 \tag{3.6}$$

$$Hukou\_status = 1(Hukou\_status^* > 0) \tag{3.7}$$

$$homeowner^* = \gamma \cdot Hukou\_status + \beta_2 X + \varepsilon_2 \tag{3.8}$$

$$homeowner = 1(homeowner^* > 0) \tag{3.9}$$

方程（3.6）是户籍决定方程，其中 $Hukou\_status^*$ 是代表户籍地位的潜变量，Z 是户籍决定方程中的"排除变量"，包括城市的赤字比、公共支出比、人口密度以及迁入家庭户主拥有的集体土地估值等变量；X_1 包括户主的受教育水平和代表所在城市分类（一线城市、二线城市）的虚拟变量。当潜变量的值大于 0 时，二值虚拟变量 Hukou_status 取值为 1，否则取 0；方程（3.8）、（3.9）代表购房决策模型，定义方式类似于方程（3.1）、（3.2）；二元 Probit 模型的残差 ε_1 和 ε_2 联合服从标准正态分布且相关系数为 ρ。

到目前为止，我们通过上文中两个计量模型分析了户籍地位对移民家

① 尽管我们的实证模型设定整体上仍然是"简化型"（reduced form）的。

庭住房拥有率的影响，但是我们同样关心移民家庭和城市原住家庭在住房拥有率上的差异，以及影响这些差异的因素。事实上，移民本身与户籍既有区别又有不可分割的联系：移民是家庭物理上的迁移，是世界各国普遍存在的现象；而户籍是一个制度概念，是中国特有的现象。但户籍制度的初衷就是控制个体和家庭自由迁移，它本身在数据中又可以被用来识别家庭是否是移民。正因为如此，在当前的研究中，我们必须回答两个问题，即：“移民和户籍地位到底哪个对居民的住房拥有率具有主要影响?”“如果都具有影响，它们的作用形式有什么不同?”为了回答这两个问题，我们在第三节实证分析所针对的样本限定在取得当地城市户籍的（前）移民家庭和城市的原住家庭，此时样本中的两组家庭具有相同的户籍地位和不同的迁移历史（就我们的样本观测长度而言），而我们感兴趣的解释变量由户籍地位 Hukou_status 换成了表征迁移经历的 $immigrant^*\_history_i$。通过观察其符号和显著性，我们可以回答移民历史是如何影响家庭住房拥有率的。

$$homeowner^* = \gamma \cdot immigrant^*\_history + \beta X + \varepsilon_i \tag{3.10}$$

$$homeowner = 1(homeowner^* > 0) \tag{3.11}$$

更进一步的，这部分实证分析可以帮助我们回答类似于“如果不存在户籍制度会怎么样”的问题，实质上构成了一个“反事实”试验（Counterfactual Exercise）。

二、数据和样本

本章所采用的数据主要来源于 2013 年中国家庭金融调查（CHFS）。该调查在全国范围内收集有关中国家庭资产和经济决策的微观层面的信息，包括人口统计特征、家庭收入与支出、金融资产与非金融资产（房产、土地）、社会保障情况等信息。调查分布在中国 29 个省（自治区、直辖市，不含港澳台地区），262 个县（市、区），1048 个村（居）委会。

因为本章主要目标是分析城市家庭的住房拥有率，所以我们将样本限定于居住地在城市的家庭。同时，鉴于1998年实施的住房改革对城市家庭的住房获得方式具有结构性的影响，为了使分析结论前后一致，我们进一步将样本限定于家庭户主年龄在20~44岁之间，[①] 从而使得我们的分析大体反映了“后住房改革时代”住房供应市场化后的情况，这样就形成了我们的城市家庭全样本，大约包括6693户家庭。在此基础上，我们进一步根据家庭的户口状况构造了两个子样本：移民家庭子样本和城市户籍家庭子样本。接下来，我们讨论它们的划分标准（见图3.1）。首先，根据调查数据里面提供的信息，我们可以将所有属于城市全样本的家庭分为四组，分别是：（A）本地非农业（城市）户籍；（B）外地[②]非农业户籍；（C）本地农业户籍；（D）外地农业户籍。基于前述有关“被城市化”样本可能会造成估计偏倚的考虑，我们删除了样本中属于本地农业户籍的家

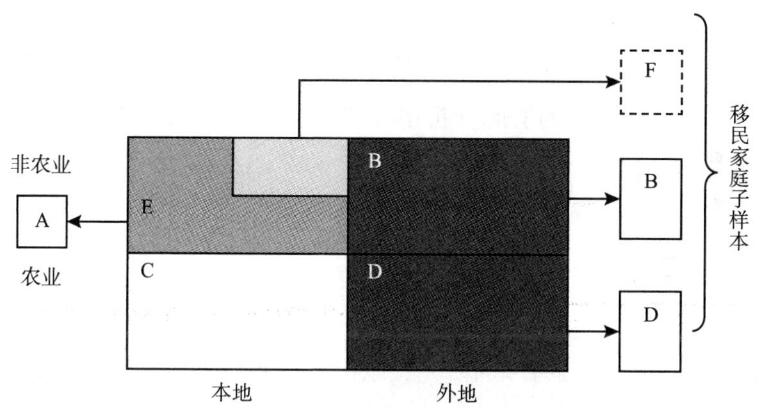

A本地非农业户籍（包含E城市原住家庭和F“农转非”家庭）　B本地农业户籍
C外地非农业户籍　D外地农业户籍　E城市原住家庭　F“农转非”家庭

图3.1　样本划分示意图

① 正如引言部分所述，家庭住房需求的“年龄阶梯”效应集中于20~44岁，之后保持稳定。我们选取样本中最年长的个体在1998年大约30岁，正处于开始“攀登”住房阶梯的年龄。在我们的样本中，户主处于这个年龄段的家庭有86.6%是在1998年之后购买的自有住房。

② “外地”指不属于调查样本所在的市或县。

庭以及因拆迁而获得当地城市户口的家庭。类似的，为了排除因某些城市实施的“买房落户”政策造成实证分析中存在“反向因果”的情况，我们剔除了那些因买房而获得当地城市户口的家庭。接下来，我们又根据数据中提供的信息，将属于种类（A）本地非农业（城市）户籍的家庭分为（E）城市原住家庭和（F）“农转非”家庭。随后我们将种类 F“农转非”家庭、种类（B）外地非农业户籍和（D）外地农业户籍家庭样本合并，组成本章中的移民家庭子样本，该样本包括 4443 户家庭。而种类（A）构成城市户籍家庭样本，该样本包括 1660 户家庭。

另外，值得注意的是，为了增加与现有文献结果的可比性，我们在后文的实证分析中选取的有关家庭人口特征的变量主要针对户主，而 CHFS 问卷中的一些关键问题（如父母的特征）只针对受访人及其配偶，所以在二者不一致时会造成一定程度的样本损失。同时，我们的研究还需要从外部数据来源（如《中国城市统计年鉴》）合并进一些城市层面的宏观数据，这部分数据主要是地级市层面的，但 CHFS 中城镇家庭样本所在地既包括地级市以上城市市辖区，也包括县级市和一些镇，这同样会造成样本数量的减少。[①] 在我们的实际分析中，移民子样本和城市户籍家庭子样本各自包括 1000 个左右的家庭。

三、变量描述

从之前有关住房拥有率的研究文献出发，我们可以将影响家庭购买自有住房决策的变量大致分为经济因素（如收入、房价、不确定性）、人口学因素（如性别、受教育程度、婚姻状况、民族、工作单位、家庭人口数

① 然而，这种“样本损失”对我们的研究有两方面的影响。有利的方面在于，我们可以将研究集中在地级市以上城市的市辖区的家庭，而恰恰在这些地区，户籍准入限制最严格，外来移民最难落户，从而使我们的研究更具有典型意义。相反，以县级市为代表的小城市（镇）在中央政府的推动下，从 1997 年就开始不断地放松对户籍准入的限制，但由于公共服务水平和创造的就业机会有限，对移民的吸引力不强，外来移民落户意愿比较低（Song, 2014）。

量等）。考虑到中国的转型经济特征，一些制度因素也可能对家庭的购房行为产生影响，如政治面貌（是否是党员）。当然，我们最关注的变量是家庭的户籍地位（Hukou_status）。最后，我们还要控制家庭所在城市的固定效应。接下来，我们对实证分析中所采用变量的选取、构造、划分做详尽的描述（见表3.3）。

关于被解释变量“家庭是否拥有自有住房”，我们定义二值虚拟变量 $homeowner_i$，当家庭现在居住的住房是属于（生活在一起的）家庭成员所拥有的时候，我们令 $homeowner_i$ 等于1，否则等于0。

由于住房耐用消费品的特征，我们参考以往研究（Kain & Quigley, 1972），估计家庭的“持久性收入”（Permanent Income）作为计量方程中代表收入的变量。具体的，我们将个体的收入分解成持久性收入和暂时性收入两部分，其中持久性收入是由劳动者的一系列个体特征决定的收入的确定性部分，而暂时性收入是个人实际收入去除持久性收入剩余的残差项。[①] 整个估计过程可以写作：

$$Ln\_ind\_inc_i = \alpha_1 Demo_i + \alpha_2 Occu_i + \alpha_3 Others_i + \alpha_4 Region_j + \varepsilon_i \tag{3.12}$$

$$Per\_inc_i = \sum_{k=1}^{2} \hat{\alpha}_1 Demo_{i,k} + \sum_{k=1}^{2} \hat{\alpha}_2 Occu_{i,k} + \sum_{k=1}^{2} \hat{\alpha}_3 Others_{i,k} + \sum_{k=1}^{2} \hat{\alpha}_4 Region_{j,k} \tag{3.13}$$

其中 $Ln\_ind\_inc_i$ 指代个人的税后工资和奖金的对数值，[②] $Demo_i$ 指代个人特征，包括年龄、年龄的平方、性别、受教育程度、婚姻状况、民族等变量；$Occu_i$ 代表个体就业特征，包括就业类型（自雇还是受雇）、就业单位性质（政府、机关、公司企业）、就业单位所有制、职位类型、是否有专业技术职称等变量；$Others_i$ 指代其他个体特征，如个体是否是党员、个体的健康状况等；最后我们还控制了省份虚拟变量，由 $Region_j$ 代表。我

① 这里的对持久性收入的估算方法类似于周（Zhou，2011）。

② 取对数可以使收入的分布更接近正态分布。

们用最小二乘法估计方程（3.12）中的系数，[①] 将解释变量代入方程获得个人收入的当期预测值，并将其作为持久性收入的估计，随后我们将家庭中户主及其配偶（如果有）的持久性收入加总起来，记为 $Perm\_inc_i$（见表 3.3 和表 3.4）。

表 3.3　　　　描述性统计（类别变量）　　　　单位：%

变量	总体	移民历史		户籍类型	
		无	有	非户籍	户籍
受教育程度					
高中以下	19.5	15.1	47.0	44.5	34.8
高中或中专	25.3	26.1	21.6	21.4	23.6
本科或大专	51.1	53.8	29.2	31.9	38.3
研究生	4.1	5.0	2.2	2.2	3.3
男性户主	65.7	65.1	71.4	66.1	69.7
已婚	91.0	89.3	85.4	72.7	91.5
有工作	87.9	87.7	87.6	88.1	87.3
是少数民族	5.3	4.7	6.3	5.7	5.7
国有单位	16.1	18.4	6.8	5.7	12.2
工作单位类型					
政府机关	11.6	11.2	6.4	2.4	10.0
事业单位	25.7	23.9	15.2	5.9	22.3
公司企业	53.4	56.4	53.5	65.7	51.1
党员	24.4	24.7	12.3	7.5	19.3
健康状况良好	95.5	95.3	94.8	96.1	94.5
居住一线城市	19.3	21.8	16.0	26.8	15.3
居住二线城市	34.2	36.2	36.3	50.4	31.5

① 为了避免离群值影响我们的估计结果的准确性，我们在估计时去掉了收入分布顶端和底端各 2.5% 的样本。

表 3.4　　　　描述性统计（连续变量）

变量	平均值	标准差	最小值	最大值	定义
Deficit_ratio	1.192	1.481	-0.183	10.675	各年度预算赤字与财政收入之比的均值
Pub_share	0.179	0.045	0.101	0.364	各年度公共服务支出占总支出之比的均值
Pop_density	985.5	1006.9	13.11	8074.8	市辖区人口密度（千人/平方千米）
Land_value	3.359	4.994	0	18.68	集体土地所有权估价的对数值
Inc_urban	22142.5	5639.7	11428	42944	所在城市 2012 年的人均可支配收入
Unemp_rate（%）	3.089	1.019	0.1	8.3	所在城市 2012 年失业率（%）
Per_income	46316	23356	5229	158299	家庭持久性收入（元）
Household size	2.175	1.349	0	11	家庭成员数量
Num_siblings	2.301	1.601	0	11	户主的兄弟姐妹数量

注：预算赤字、财政收入、公共服务支出、财政支出与市辖区人口密度数据来自《中国城市统计年鉴》；人均可支配收入和失业率来自《中国区域经济统计年鉴》；集体土地估价与兄弟姐妹数量来自 2013 年 CHFS 调查。

在住房拥有率的分析中，我们必须考虑家庭拥有住房的成本，也就是当地的房价。虽然在调查数据里，所有拥有自有住房的家庭都报告了住房的历史价格和现在的自估价值，但是，由于我们的样本中还包括无房的家庭，无法观察到他们实际面临的房价水平，所以我们无法依赖这两个已有变量。作为一种替代的办法，在本章中，我们试图用宏观数据来估算城市层面的房价水平，具体做法是用 2013 年各个城市统计年鉴中当年的商品房销售额除以商品房销售面积来得到近似的房价水平,[①] 然后取对数，得到当地房价的对数值 L_HP。

除了收入和房价，在回归分析中，我们还控制了一系列户主和家庭的

① 对这种处理方式的一个质疑可能来源于"实际的住房购买行为发生在一个相对较长的时间范围之内，用一年的房价水平近似是否合理"。事实上，根据区域经济学领域经典的"空间均衡"（spatial equilibrium）理论（Roback，1982），某地的房价是该地自然禀赋、便利性（amenities）、生产率和工资水平等因素形成的长期均衡的结果，而这些因素（尤其是前两者）的相对水平在短期内往往是不会发生剧烈变动的。如果"空间均衡"理论成立的话，房价水平可以在某种角度被视为代表了城市固定效应。

人口学特征，包括年龄（age_group）、性别（gender）、受教育程度（edu_att）、婚姻状况（marriage）、民族（minority）、工作单位类型（worktype）、是否是党员（party）、健康状况（health）以及同住的家庭成员数量（$household_i$）。其中需要特别强调的是年龄、受教育程度和工作单位类型这3个变量：我们将户主的年龄每5年分为一组，这样在我们的样本范围内（20~44岁）就包括5组年龄组虚拟变量age_group，这是研究生命周期行为的文献中一种常见处理方法。接下来，我们将户主的受教育程度分为4类：高中学历以下（对照组），高中或职业高中学历（High_school），本科或大专学历（Undergraduate）和研究生及以上学历（graduate）。最后，我们将户主的工作单位按类型分为政府机关（government）、事业单位（institute）、企业（company）和其他（对照组）。

在本章的实证分析中，户籍是我们最感兴趣的变量。我们定义虚拟变量（Non_local_hukou）指代家庭的户籍类型不属于本地非农业户籍，具体而言，包括外地农业和非农业户籍、本地农业户籍。

我们还添加了区域和城市类别的虚拟变量用来控制潜在的地理固定效应。我们将样本中的省份划分为东部地区[①]、中部地区[②]、西部地区（缺失值）和东北地区[③]（不包括港澳台地区），并为每一地区添加了对应的虚拟变量。此外，我们参照中国房地产行业对国内市场的分类习惯，将样本中的城市划分为一线城市[④]、二线城市[⑤]和其他城市（镇）。[⑥] 必须说明

① 包括北京市、天津市、上海市、河北省、江苏省、浙江省、福建省、山东省、广东省、海南省。

② 包括山西省、江西省、安徽省、河南省、湖南省、湖北省。

③ 包括辽宁省、吉林省、黑龙江省。

④ 本章中的一线城市包括北京市、上海市、深圳市、广州市、天津市。

⑤ 本章中的二线城市包括南京市、杭州市、青岛市、厦门市、苏州市、大连市、西安市、宁波市、济南市、哈尔滨市、沈阳市、长春市、武汉市、成都市、石家庄市、太原市、呼和浩特市、合肥市、福州市、南昌市、郑州市、长沙市、南宁市、海口市、贵阳市、昆明市、兰州市、西宁市、重庆市。

⑥ 一二线城市的划分不是一个学术概念，也没有统一的标准，本章中采取的是房地产行业和新闻媒体广泛采用的一种划分标准。在后文的实证分析中，不同的划分标准对估计结果不会有明显的影响。

的是，在理想的情况下，我们希望在回归中包括所有样本城市的虚拟变量，但是，由于我们的主要实证分析是在子样本上进行的，观测值有限，而研究采用的 CHFS 数据又是一个全国范围内的调查数据，如果这样做的话会大大减少估计的自由度，从而使估计结果发生偏倚，因此我们采用了更粗略的地理区域划分方式。此外，正如脚注中阐述的，当“空间均衡”存在时，城市房价往往可以“捕捉”到相当一部分的城市固定效应，从而缓解了不能完全控制城市虚拟变量对估计精确性的负面影响。

在移民选择方程中，我们采用了两组“排除变量”。其中城市特征向量 des_city_j 包括所在城市 2012 年的人均可支配收入 inc_2012_j、失业率 $unemp\_rate_j$，用来反映城市对移民的吸引力。父母和兄弟姐妹特征包括在世父母数量（$num\_parent\_alive_i$）、兄弟姐妹数量（$num\_sibling_i$）和交叉项（$pare\_sibling_i$）。

在估计二元 Probit 模型中的户口决定模型时，除了控制户主的受教育程度、城市类型之外，我们还加入了城市的公共财政和变量，包括预算赤字比（$deficit\_ratio_j$）[①]、公共支出比（pub_share_j）[②]、城市主城区人口密度（$pop\_density_j$）和户主所拥有的集体土地所有权估价的对数值（$land\_value_i$）。[③] 前三个变量是城市层面的宏观变量，对个体家庭的住房决策而言没有直接影响，但是根据三部分的分析，会对政府发放城市户口的概率产生影响。同时，由于并不拥有集体土地的所有权，移民家庭拥有那部分集体土地的价值只能通过土地的流转租赁收入来部分实现，而这部分收入相对移民家庭在城市中赚取的收入一般而言是极为有限的，在现实中，此部分价值往往是通过某些外生事件——比如说土地征收——才能得到充分实现。所以，我们有理由相信，家庭拥有的土地使用权价值会影响家庭转换户籍的意愿，但是对家庭的购房行为的影响是微弱的（尤其是对于已经远

① 定义为 2001—2012 年各城市的预算赤字与财政收入之比的均值。

② 定义为 2001—2012 年各城市教育、科研、社会保障等公共服务支出占总支出之比的均值。

③ 如果移民原来是城市居民或者没有集体土地使用权，该变量取值为 0。

离集体土地的移民家庭而言)。因此,理论上,以上四个变量能够为我们的二元 Probit 模型提供有效的“排除性限制”。

第五节 实证结果

一、基准模型与样本选择模型

表3.5第(1)和第(2)列分别报告了基准模型在城市全样本和移民样本下的估计结果,第(3)列报告了样本选择模型在移民样本上的回归结果,第(4)列在解释变量部分加入了非户籍虚拟变量和年龄分组变量的交叉项。通过观察回归结果,我们不难发现,一部分变量的系数和显著性在各个模型之间保持稳定,如:房价的对数值在四个模型中都在1%的水平上显著为负,表示对于所有类型的家庭而言,高房价会降低家庭拥有自有住房的概率;同样的,已婚(married = 1)和较多的家庭成员(household size)都会显著地增加家庭拥有自有住房的概率,这和经典文献的结论是一致的。但是对于其他变量,不同模型的估计结果有比较大的差异,如持久性收入($Perm\_inc_i$)在城市全样本下估计系数为0.213,显示其对拥有自有住房概率有显著的正向影响,而在第(2)~(4)列的移民样本和选择模型下,尽管符号依然为正,但是变得不再显著,这和周(Zhou,2011)估计结果相类似。年龄分组虚拟变量 age_group_i 在全样本基准模型下,表示户主年龄在35~39岁和40~44岁的变量系数显著为正,且数值较大(分别为0.424和0.551),证明住房拥有率具有“年龄阶梯”效应,户主年龄超过35岁后,家庭拥有自有住房的概率大幅上升,这与我们在实际数据中和第二章模拟结果中观察到的现象是一致的。然而在移民样本下,虽然系数的数值保持稳定,但只有40~44岁这一年龄组仍然保持显著,而到了样本选择模型中,所有年龄虚拟变量都变得不再显

著，且数值明显下降，这说明当我们关注移民家庭的住房拥有率并且考虑模型的样本选择问题时，“年龄阶梯”效应会大大减弱。类似的情况发生在户主受教育程度上，这与佩因特（Painter，2000）的结果类似。[①] 另外，值得注意的是，在移民样本基准模型和基于移民样本的选择模型下，户主在政府机关工作（$government_i = 1$）会显著提高家庭获得自有住房的概率，这似乎暗示着政府机关内部依然保留着某些“福利住房”的“遗存”。

表 3.5　　住房拥有率估计结果（不同模型设定）

Homeowner	基准模型		样本选择模型		Binary Probit 模型		综合模型
	(1)	(2)	(3)	(4)	(5)	(6)	(7)
$Perm\_inc_i$	0.213** (0.0998)	0.128 (0.132)	0.153 (0.104)	0.159 (0.115)	0.105 (0.0841)	0.194* (0.116)	0.137 (0.122)
L_HP	-0.411*** (0.151)	-0.513*** (0.181)	-0.452*** (0.117)	-0.394*** (0.134)	-0.494*** (0.124)	-0.389** (0.160)	-0.539*** (0.170)
年龄组：							
(25～29)	0.0283 (0.187)	0.0752 (0.216)	0.0198 (0.254)	-0.167 (0.354)	-0.0311 (0.153)	-0.159 (0.262)	-0.0736 (0.164)
(30～34)	0.122 (0.200)	0.144 (0.234)	-0.00429 (0.282)	-0.145 (0.365)	0.121 (0.159)	-0.0786 (0.264)	-0.151 (0.142)
(35～39)	0.424** (0.203)	0.422* (0.240)	0.173 (0.298)	0.279 (0.381)	0.330** (0.164)	0.435 (0.277)	-0.00716 (0.122)
(40～44)	0.551*** (0.205)	0.565** (0.244)	0.224 (0.317)	0.270 (0.392)	0.366** (0.167)	0.359 (0.269)	—

① 本书与佩因特（2000）的一个区别在于，在他的结果中，标示家庭属于少数族裔的变量显著，而我们的回归结果中，标示家庭属于少数民族（非汉族）的虚拟变量不显著，印证了我们在引言部分的观点，即人种或族裔并不能解释中国城市家庭的住房拥有率。

续表

Homeowner	基准模型		样本选择模型		Binary Probit 模型		综合模型
	(1)	(2)	(3)	(4)	(5)	(6)	(7)
受教育程度:							
High_school	0.228 ** (0.109)	0.192 (0.135)	0.106 (0.140)	0.154 (0.149)	0.0768 (0.0929)	0.0744 (0.129)	0.161 (0.127)
Undergraduate	0.481 *** (0.123)	0.488 *** (0.155)	0.311 ** (0.158)	0.346 ** (0.176)	0.440 *** (0.108)	0.334 ** (0.145)	0.423 *** (0.154)
Graduate	0.519 * (0.282)	0.208 (0.405)	0.121 (0.379)	0.220 (0.401)	-0.187 (0.313)	-0.0392 (0.408)	0.123 (0.378)
gender	-0.0173 (0.0886)	5.54e-05 (0.114)	0.0818 (0.111)	0.0826 (0.114)	-0.0332 (0.0672)	-0.0488 (0.101)	-0.006 (0.106)
marriage	0.550 *** (0.167)	0.447 ** (0.204)	0.391 * (0.202)	0.394 ** (0.195)	0.479 *** (0.155)	0.353 ** (0.169)	0.431 ** (0.190)
minority	0.0972 (0.214)	-0.0564 (0.271)	-0.0976 (0.272)	-0.123 (0.286)	-0.149 (0.205)	-0.138 (0.275)	-0.0272 (0.248)
工作单位类型:							
government	0.821 ** (0.393)	1.075 * (0.563)	1.020 * (0.529)	1.091 ** (0.520)	0.127 (0.250)	0.887 * (0.465)	0.938 * (0.522)
institution	0.00346 (0.217)	0.162 (0.286)	0.192 (0.273)	0.247 (0.294)	0.0696 (0.182)	0.0551 (0.261)	0.206 (0.257)
company	0.0735 (0.131)	0.0150 (0.157)	0.0183 (0.149)	0.0381 (0.156)	-0.0995 (0.0985)	-0.0222 (0.140)	0.0191 (0.145)
Party number	0.0672 (0.108)	-0.127 (0.150)	-0.172 (0.147)	-0.183 (0.153)	-0.0344 (0.109)	-0.143 (0.130)	-0.0936 (0.141)
health	-0.0524 (0.220)	0.0891 (0.272)	0.0958 (0.252)	0.0849 (0.259)	0.0305 (0.195)	0.0518 (0.252)	0.0818 (0.251)
Household size	0.315 *** (0.0470)	0.329 *** (0.0534)	0.318 *** (0.0534)	0.322 *** (0.0543)	0.231 *** (0.0383)	0.269 *** (0.0542)	0.318 *** (0.0546)
Non_hukou	-1.242 *** (0.102)	-1.082 *** (0.114)	-1.054 *** (0.119)	-1.153 *** (0.366)	-2.036 *** (0.145)	-2.292 *** (0.316)	-1.029 *** (0.323)

续表

Homeowner	基准模型		样本选择模型		Binary Probit 模型		综合模型
	(1)	(2)	(3)	(4)	(5)	(6)	(7)
(25 ~ 29) × Non_hukou				0.383 (0.410)		0.408 (0.338)	
(30 ~ 34) × Non_hukou				0.352 (0.410)		0.312 (0.342)	
(35 ~ 39) × Non_hukou				-0.371 (0.433)		-0.428 (0.366)	
(40 ~ 44) × Non_hukou				-0.205 (0.459)		-0.129 (0.392)	
Constant	0.254 (1.369)	2.004 (1.691)	1.012 (0)	0.639 (0)	2.770** (1.131)	0.959 (1.511)	1.661 (1.567)
N	1622	988	2457	2457	942	942	942
城市固定效应	控制	控制	控制	控制	控制	控制	控制
Adj - R^2	0.374	0.384					
对数似然值			-1831	-1825	-1658	-925.4	-11492
ρ_1			0.413	0.331			0.833
ρ_2					0.680	0.809	0.167

注：(1) 括号内为 Huber - White 稳健型标准差。(2) ***、**、* 分别代表 1%、5% 和 10% 的显著性水平。(3) 为了报告结果方便，表 3.5 中用 Non_hukou 指代变量 Non_local_hukou。

我们最感兴趣的是户籍地位对于家庭拥有自有住房的影响，通过对回归结果的分析，发现表示非当地户籍这一虚拟变量的系数在不同模型设定之间十分稳定：在 1% 的水平上显著为负，就边际效应而言，非当地城市户籍这一身份会造成 35 ~ 39 岁年龄组的“典型家庭①”拥有自有住房的概率下降 41%，显示非户籍身份对家庭住房拥有率强烈的负向效应。同

① 这里的典型家庭指户主年龄在 30 ~ 45 岁，高中教育程度，汉族，家庭收入处于样本均值水平。

时，我们发现所有非户籍虚拟变量和年龄组虚拟变量的交叉项系数都不显著，这显示非户籍身份会"直接地"阻碍移民家庭获得自有住房，而非"间接地"延迟这一进程。

另外，我们还需要仔细分析第一阶段回归的情况以保证移民选择模型设定的合理性，这一部分的结果，我们报告在表3.6的第（1）~（2）列。首先观察之前选取的"排除变量"的系数，我们发现：移民目的地的人均可支配收入水平和失业率分别显著地增加和降低了个人选择移民的概率，与直觉相符；父母和兄弟姐妹特征中，兄弟姐妹越多，个人就越倾向于移民，这可能是由于较多的兄弟姐妹可以分担照顾父母的责任（Giles & Mu，2006），也可能是由于较多的兄弟姐妹使得每个子女能够从家庭中得到的资源更加稀少，从而促使个人外出寻找更好的发展机会，另外两个变量——在世父母数量及其与兄弟姐妹的数量的交乘项均不显著，这可能是由于我们在数据中"无法观察到父母真实的健康状况，只能用父母存活状况来替代"这一事实所造成的。其次，男性较女性有更大的移民倾向，同时受教育水平越高，移民概率越低，这与已有研究结果和直觉相吻合。

表3.6　第一阶段回归结果

被解释变量	样本选择模型		Binary Probit 模型	
	（1）	（2）	（3）	（4）
	immigrant_history		Local_hukou	
High_school	-0.264** (0.123)	-0.259** (0.123)	0.225** (0.0889)	0.209* (0.121)
Undergraduate	-0.419*** (0.119)	-0.416*** (0.119)	0.0954 (0.0805)	0.0141 (0.106)
Graduate	—	—	0.690** (0.290)	0.604* (0.365)
Tier_one	-0.645*** (0.154)	-0.622*** (0.155)	-0.950*** (0.194)	-0.672*** (0.252)

续表

被解释变量	样本选择模型		Binary Probit 模型	
	(1)	(2)	(3)	(4)
	immigrant_history		Local_hukou	
Tier_two	—	—	-0.920*** (0.0865)	-0.964*** (0.115)
gender	0.301*** (0.0590)	0.301*** (0.0593)		
inc_2012	0.956*** (0.0677)	0.956*** (0.0677)		
Unemp_rate	-0.0943*** (0.0348)	-0.0933*** (0.0349)		
num_sibling	**0.152***** **(0.0447)**	**0.153***** **(0.0451)**		
deficit_ratio			0.420*** (0.0750)	0.388*** (0.0886)
pub_share			0.464 (1.104)	0.102 (1.450)
pop_density			-0.0433** (0.0206)	-0.0479* (0.0277)
land_value			**-0.0303***** **(0.00730)**	**-0.0285***** **(0.00925)**
Constant	-7.430 (0)	-7.436 (0)	0.604** (0.246)	0.690** (0.320)
N	2457	2457	1656	942

注：(1) 括号内为 Huber-White 稳健型标准差。(2) ***、**、* 分别代表 1%、5% 和 10% 的显著性水平。

最后，我们还注意到，在样本选择模型中，移民决策模型和住房决策模型残差相关系数 ρ 在 5% 水平上显著，这从侧面证实了样本选择模型设定的合理性：在考虑移民家庭的住房选择时必须考虑到他们一开始移民的可能性。

二、内生性与二元 Probit 模型

正如在本章第三节中所阐述的，我们在估计户籍地位对家庭住房拥有率的影响时必须考虑它的内生性问题。我们采用二元 Probit 模型来控制内生性的问题。表 3.5 第（5）列报告了二元 Probit 模型的系数估计结果。第（6）列报告了加入非户籍虚拟变量和年龄分组变量交叉项后的估计结果，二者都是在移民样本上估计的，第（7）列报告了同时控制样本选择和户籍内生性后得到的估计结果。我们在表 3.6 第（2）、（3）列报告了第一阶段户籍决定模型的估计结果。比较不同样本下的基准模型（表 3.5 第（1）、（2）列）和二元 Probit 模型的估计结果，可以发现，控制变量系数符号大多符合预期。

至于我们关心的户籍地位的影响，我们发现，在考虑到户籍的内生性之后，非户籍身份对家庭拥有自有住房的负向效应甚至更加强烈，非户籍虚拟变量的估计系数分别为 -2.036 和 -2.292，都在 1% 水平上显著。这意味着非当地城市户籍这一身份会造成 30 ~ 34 岁年龄组的"典型家庭①"拥有自有住房的概率下降 78%，35 ~ 40 岁年龄组下降 75%，40 ~ 44 岁年龄组下降 74%。类似于选择模型，非户籍虚拟变量和年龄组虚拟变量的交叉项系数都不显著。第（7）列"综合模型"报告结果的符号方向和显著性程度大多与第（5）列类似，但有些系数绝对值下降或变得不显著（如年龄），这与佩纳（2000）的结果相吻合。

除了住房选择模型的结果，我们还关心户籍决定模型中变量选取是否合适，以及二元 Probit 的模型设定是否是合理的，第一阶段户籍决定模型的回归结果报告在表 3.6 第（3）~（4）列。我们先来考察在第四节选择的"排除变量"的表现，预算赤字比（$deficit\_ratio_j$）显著为正，表明有

① 这里的"典型家庭"指户主年龄在 30 ~ 45 岁，高中教育程度，汉族，家庭收入处于样本均值水平。

较高预算赤字的地方，政府似乎更愿意向外来移民发放当地户口，这可能是因为地方政府希望用落户吸引劳动力流入，进而增加当地人力资本积累，但也可能是因为地方政府希望通过发放更多户口来推动当地住房需求，进而增加土地出让金收入，改善财政状况；同时，公共支出比（pub_share_j）变量尽管符号为正，但是在10%水平上不显著；城市主城区人口密度（$pop\_density_j$）系数显著为负；户主所拥有的集体土地估价（$land\_value_i$）系数显著为负。除了公共支出比，其他变量的符号都符合我们的预期。其余变量中，户主的受教育程度虚拟变量大多显著为正，显示地方政府更希望吸引高端人才；表示一线城市、二线城市的虚拟变量显著为负，显示这些大城市由于某些（不可观测的）历史或政治原因，更倾向于设置更高的落户门槛。关于模型选择，我们遵循奇波斯等（Chiburis et al.，2011）的建议采用 Murphy's score test 来对二元 Probit 模型进行检验，结果发现在10%的水平上，我们无法拒绝“二元 Probit 模型是真实模型”的原假设，[①] 这样在一定程度上支持了我们的模型设定。

三、移民效应与“反事实”试验

为了厘清移民、户籍地位和家庭住房拥有率之间的相互关系，我们必须将移民对家庭住房拥有率的影响从户籍的影响中区分出来，考察在排除户籍这一“制度性”因素的条件下，移民这一“物理性”行为的真实影响，这在某种程度上构成了一个“反事实”试验（counterfactual exercise）。从中我们可以推断在假定不存在户籍制度的情况下移民经历本身的影响。如果这种影响的方向和大小与非户籍身份的影响相类似，那么至少就住房拥有率问题而言，户籍制度是“中性的”，否则，我们必须仔细考察户籍制度本身对住房拥有率的影响机制。此外，这个“试验”的结果还使得我们用中国数据得到的实证结果和研究欧美国家类似问题的文献中的结果

① 具体检验结果为 chi2(9) = 11.43，Prob > chi2 = 0.2473。

具有更多的“可比性”。

表3.7第（1）~（2）列报告了在城市户籍家庭样本下的基准模型估计结果，其中第（2）列加入了移民经历虚拟变量和年龄组虚拟变量的交叉项。在这一部分，我们感兴趣的变量由户籍地位变为移民经历（immigrant_history$_i$）。我们发现，在上述三种模型设定之下，这一变量的系数都不显著。同时，设定第（2）列中的交叉项系数有两个显著为负，这说明，在“攀登住房阶梯”的早期阶段，如处于25~34岁年龄组时，移民家庭获得自有住房的速度落后于城市原住家庭，但随后移民家庭似乎很快弥补了这种“劣势”，所以我们看到，35~44岁年龄组的交叉项不再显著，尽管符号依然为负。

表3.7　　移民历史与住房拥有率（户籍居民样本）

Homeowner	(1)	(2)
Immigrant_history$_i$	-0.111 (0.114)	0.302 (0.214)
(25~29) × immigrant_history$_i$		-0.833** (0.364)
(30~34) × immigrant_history$_i$		-0.817*** (0.305)
(35~39) × immigrant_history$_i$		-0.330 (0.306)
Constant	-3.239* (1.790)	-3.486* (1.779)
N	867	862
家庭人口学特征	控制	控制
区域与城市固定效应	控制	控制
pseudo-R-squared	0.170	0.184

注：（1）括号内为Huber-White稳健型标准差。（2）***、**、*分别代表1%、5%和10%的显著性水平。

这些结果与博尔哈斯（Borjas，2002）的结果类似，说明如果排除户籍制度的影响，中国城市化过程中的移民家庭的住房决策行为特征与美国移民群体的特征十分接近。如果比较基准模型、选择模型和二元 Probit 模型中的交叉项系数，我们可以认为，户籍与移民经历对移民住房拥有率的影响不同：户籍似乎是从“根本上”抑制了家庭的购房行为，而移民经历本身只是延迟了购房行为。由此，户籍不单反映家庭的移民经历，这项制度本身对家庭住房拥有率也具有显著影响。所以，我们需要在第六节研究户籍对移民家庭住房拥有率的作用机制。

四、稳健性检验

我们进一步从以下几个方面检验了本章研究结论的稳健性。

首先，我们需要考虑我们的实证结果是否主要由少数城市的特征所导致，比如，北京、上海等一线城市对户籍有着严格的控制，同时，由于其高昂的房价导致外来移民很难承担自有住房的成本，这两个因素叠加在一起会造成非户籍移民家庭较低的住房拥有率，也会造成非当地户籍虚拟变量系数向下的偏倚。为了检验这种假设是否合理，我们在排除来自一线城市的家庭样本后，重新估计上文中各个计量模型，得到的估计结果与原始结果十分相似，这证明我们上文中有关非户籍身份对家庭住房拥有率具有显著负向影响的结论，并非完全由少数一线城市的特征所导致。

其次，有关户籍地位和住房拥有率的关系的另外一种可能的解释是，非当地户籍居民在“本质上”比获得当地户籍的居民（如“农转非”居民）和城市原住民具有更强的流动倾向或者回乡意愿，从而获得城市户口的意愿比较低，同时在当地购房的意愿也不强。我们对这一假设进行检验时遇到的一个困难是，由于我们使用的是截面数据，所以无法同时观测到同一个体在获得户籍之前和（可能的）获得户籍之后在城市居住的时间。此外，由于问卷设计的原因，我们也无法观测到已获得户籍移民获得户籍之前在该城市居住的时间，这导致移民样本中两个群体在定居时间这一点上不具有可比性，从而使得用一个计数模型或生存模型对家庭在迁入城市的居住时间进行建模[①]的努力变得很困难。因此，我们采用一种间接的办法，即从移民样本中剔除那些在迁入地定居时间较短的家庭，然后观察非户籍虚拟变量系数的变化情况。在剔除了居住时间少于3年的非户籍家庭样本后，得到的估计系数结果与采用原始定义的移民样本时的结果类似，[②] 而显著性水平略有下降。这至少证明，对于在一个城市生活了“足够久”，从而在理论上具有“足够大”的迁移成本和购房动机的家庭而言，我们的基本结论同样成立。另外，需要指出的一点是，我们采用的CHFS调查主要针对在当地生活6个月以上、居住在居民住宅中的家庭，[③] 这从一开始就排除了居住在工棚里的建筑工人、生活在职工宿舍中的农民工这样具有高流动性特征的群体，也有助于确保我们的基本结论不是由少部分移民群体的高流动性所造成的。

最后，在生成实证分析的三个子样本的时候，我们采用的标准具有一定的“任意性”，为了保证我们的实证分析结果不是由选取子样本的某些特殊标准所导致的，我们实施了一个证伪检验（falsification tests）。基本想法是，如果是分组标准中的其他因素（通过家庭户籍地位）对家庭住房需求产生影响，那么这些因素同样很有可能对家庭的非耐用消费品的消费产生影响，而如果我们在第三节中假设的预防性储蓄动机成立，那么在控制其他特征的条件下，户籍地位对这些必需品的影响应当十分微弱。我们在表3.8中报告了家庭食品、日用品和衣着消费对户籍地位的回归结果，发现户籍地位对于家庭非耐用消费品消费没有显著影响，这部分支持了我们的子样本选取标准的合理性。

---

① 陈珣，徐舒．农民工与城镇职工的工资差距及动态同化［J］．经济研究，2014，49(10)：74-88.

② 此时Non_local_hukou的估计系数是-0.829，在5%的水平上显著。

③ 其他一些针对移民的微观调查（如RUMiC）是基于工作单位（workplace）进行抽样的。

表 3.8　　证伪检验

被解释变量	(1) 食品消费	(2) 日用品消费	(3) 服装消费
Non_Local_hukou	0.0779 (0.0477)	-0.044 (0.0799)	0.004 (0.0769)
Constant	3.359*** (0.732)	1.649 (1.111)	3.797*** (0.919)
Observations	980	961	962
人口学特征	YES	YES	YES
区域和城市固定效应	YES	YES	YES
R - squared	0.159	0.128	0.107

注：(1) 括号内为 Huber - White 稳健型标准差。(2) ***、**、* 分别代表 1%、5% 和 10% 的显著性水平。

第六节　作用机制

尽管我们在以上三节的实证分析中看到了非户籍身份对家庭住房拥有率显著的抑制作用，但是没有人会认同是“户口簿”造成这样的结果，真正起作用的是“户口簿”背后的户籍制度。关于户籍制度在公共服务、社会保障和劳动力市场上造成的不平等，我们在第三节中已经有了比较详细的论述。第六节我们致力于用实证方法来检验这些因素对家庭住房拥有率的影响，从而在一定程度上识别户籍对住房拥有率的作用机制。

首先，我们在概念上给出几个潜在的作用机制。【机制一】在享受公共服务方面，非户籍移民家庭在子女教育机会上面临的不平等使得同一套住房给他们尤其是有学龄子女的家庭带来的效用较小①（Fan, 2011），从

① 我们可以认为这是住房的价值包括其便利的地理位置（如临近学校）而给家庭带来的便利（amenities）。

而削弱了他们的边际支付意愿，进而降低了其住房拥有率；【机制二】在社会保障方面，正如第三节已经论述的，更大的未被社会保障体系覆盖的风险会导致非户籍移民家庭更大的预防性储蓄动机，而住房作为资产恰恰缺乏流动性，具有非常高的交易成本，这导致家庭倾向于选择持有更具流动性的资产，从而挤出住房消费（Halket & Vasudev，2014）。【机制三】较低的"职业稳定性"可能导致非户籍移民家庭具有更大的流动性，也减少了因长期在同一单位工作而"获得更好晋升机会，积累更多财富"的概率（张春泥，2011），从而削弱了购买自有住房的意愿。

接下来，我们用计量模型检验这些潜在的作用机制。我们用子女教育代表家庭享受的公共服务，定义虚拟变量（$schoolagechild_i$）代表家庭中有12~18岁，处于中学学龄的子女，$Non\_hukou\_child_i$ 代表非户籍户口与中学学龄子女变量的交叉项；关于社会保障，我们构造并选取虚拟变量——医疗保险（med_inc_i），城市类型养老险（$urban\_type\_pension_i$），失业保险（$unemploy\_ins_i$）和住房公积金（$housing\_fund_i$）作为衡量家庭被社会保险覆盖程度的指标；最后，我们用"在现有单位工作年数"（$Job\_duration_i$）作为工作稳定性的指标，我们把上述变量称为"中介变量"，因为假设户籍地位通过影响这些变量最终影响家庭住房拥有率。随后我们建立如下计量方程：

$$X_{k,i} = \theta_1 Non\_local\_hukou_i + \theta_2 Control_{1,i} + \varepsilon_i \tag{3.14}$$

$$Prob(Job\_duration = y) = e^{-y}\mu^x / y!\ (y = 0, 1, 2, \cdots)$$

$$\mu_i = \exp(\varphi_1 Non\_local\_hukou_i + \varphi_2 Control_{1,i} + \varepsilon_i) \tag{3.15}$$

$$Homeowner_i^* = \lambda_1 Non\_Local\_hukou_i + \lambda_2 X_{k,i} + \lambda_3 Control_{2,i} + \nu_i$$

$$Homeowner_i = (Homeowner_i^* > 0) \tag{3.16}$$

方程（3.14）中 $X_{k,i}$ 包括表示社会保障程度的中介变量，$Non\_local\_hukou_i$ 表示户主不拥有当地城市户籍，$Control_{1,i}$ 代表一系列控制变量，包括户主年龄、性别、民族、受教育程度以及区域和城市类别虚拟变量；在方程（3.15）中，我们假定劳动者在现有单位工作年数服从一个 Poisson

计数过程，μ_i 代表工作年数的均值；方程（3.16）类似于基准模型（3.1）、（3.2），$Homeowner_i^*$ 是表征家庭拥有自有住房的虚拟变量，$Control_{2,i}$除了包括 $Control_{1,i}$中的变量外，还包括户主的其他特征，等同于基准模型（3.1）中的 X；ε_i 和 ν_i 为残差项。值得注意的是，我们在方程（3.16）中包括非户籍虚拟变量 $Non\_local\_hukou_i$，这样，中介变量系数 λ_2 现在代表的是户籍地位对住房拥有率的“间接影响”。

我们在表 3.9 中报告了方程（3.14）对不同的解释变量的回归结果，大部分系数结果符合直觉，其中在控制个体特征后（此处只列出年龄和受教育程度），非户籍身份显著地降低了个人被社会保障体系覆盖的程度，同时是否能充分享受社保，也与个人的人力资本水平（年龄、受教育程度）密切相关。我们在表 3.9 的第（3）~（5）列中报告了计数模型（3.15）的回归结果，非户籍身份显著地降低了劳动者的“职业稳定性”，此外，随着年龄的增长，劳动者的职业稳定性显著上升，而受教育程度的影响则更加复杂。

表 3.9　　户籍地位与中介变量

被解释变量	(1) med_ins	(2) urban_type_pension	(3) unemploy_ins	(4) housing_fund	(5) Job_duration
(25~29)	-0.0556 (0.0898)	0.586*** (0.0939)	0.270*** (0.0986)	0.177 (0.110)	0.375*** (0.0597)
(30~34)	0.118 (0.0925)	0.766*** (0.0956)	0.239** (0.101)	0.299*** (0.113)	0.868*** (0.0621)
(35~39)	0.163* (0.0928)	1.023*** (0.0962)	0.264*** (0.101)	0.346*** (0.114)	1.263*** (0.0627)
(40~44)	0.295*** (0.0936)	0.937*** (0.0965)	0.200* (0.103)	0.316*** (0.115)	1.524*** (0.0628)
High_school	-0.0786 (0.0592)	0.872*** (0.0557)	0.746*** (0.0679)	0.883*** (0.0803)	0.216*** (0.0326)

续表

被解释变量	(1) med_ins	(2) urban_type_pension	(3) unemploy_ins	(4) housing_fund	(5) Job_duration
Undergraduate	0.202 *** (0.0627)	1.718 *** (0.0608)	1.536 *** (0.0656)	1.847 *** (0.0769)	0.263 *** (0.0309)
Graduate	0.156 (0.187)	1.714 *** (0.171)	1.872 *** (0.175)	2.720 *** (0.223)	-0.0549 (0.0445)
Non_Local_hukou	-0.457 *** (0.0535)	-0.262 *** (0.0519)	-0.269 *** (0.0585)	-0.397 *** (0.0638)	-0.805 *** (0.0834)
Constant	0.955 *** (0.107)	-1.832 *** (0.111)	-1.721 *** (0.125)	-2.041 *** (0.140)	0.158 ** (0.0649)
N	4333	4333	3599	3605	6422
控制人口学特征	是	是	是	是	是
控制区域固定效应	是	是	是	是	是
$Adj-R^2$	0.0511	0.260	0.252	0.336	0.266

注：(1) 括号内为 Huber - White 稳健型标准差。(2) ***、**、* 分别代表 1%、5% 和 10% 的显著性水平。

我们在表 3.10 中报告了方程（3.16）对不同中介变量的回归结果。①第（1）列包括中学学龄子女虚拟变量和它与非户籍地位虚拟变量的交叉项，我们发现交叉项系数为负，但并不显著，因此我们无法肯定上述【机制一】是否存在。第（2）列回归中包括医疗保险、城市类型养老险、失业保险和住房公积金四个社会保障虚拟变量，我们发现只有拥有失业保险的系数在 1% 的水平上显著为正，第（3）列回归中进一步增加了两个控制变量——家庭的健康风险（$health\_risk_i$）和未被覆盖的健康风险（$unconvered\_hrisk_i$）② 来控制家庭面临的风险状况，类似于第（2）列回归结

① 在表 3.10 中，我们只报告了中介变量的系数。

② 其中家庭的健康风险定义为户主或配偶“身体状况与同龄人相比较差”或“过去一年内因为身体原因而无法正常工作或生活”，未被覆盖的健康风险定义为户主或配偶有上述定义的“健康风险”，同时没有任何形式的医疗保险。

果，我们发现只有失业保险的系数显著为正。我们认为这一结果有两种可能的解释：首先，医疗保险、养老保险和住房公积金更多地属于“基于雇佣关系”的社会保险，而失业保险、工伤保险和生育保险更多地属于“基于户籍地位”的社会保险，因此容易受到劳动者户籍地位的影响；其次，由于我们选取的样本侧重于中青年家庭，此部分家庭可能还没有“充分发现”养老风险和健康风险，这样的结果部分地支持了【机制二】。第（4）列报告了方程（15）对表征“职业稳定性”的工作持续年数变量的回归结果，我们发现户主的职业稳定性会显著地增加家庭拥有自有住房的概率，这部分地支持了【机制三】的存在。

表 3.10　　作用机制

被解释变量	(1) homeowner	(2) homeowner	(3) homeowner	(4) homeowner
Non_Local_hukou	-2.206*** (0.159)	-1.041*** (0.116)	-1.042*** (0.116)	-1.015*** (0.119)
med_ins		0.244 (0.174)	0.249 (0.180)	
urban_type_pension		-0.0334 (0.140)	-0.0332 (0.140)	
unemploy_ins		0.384*** (0.139)	0.383*** (0.138)	
housing_fund		-0.0319 (0.138)	-0.0315 (0.138)	
health_risk			0.000103 (0.202)	
unconvered_hrisk			0.0661 (0.664)	
Non_hukou × child	-0.258 (0.242)			

续表

被解释变量	(1) homeowner	(2) homeowner	(3) homeowner	(4) homeowner
Job_duration				0.0315*** (0.0104)
Constant	1.786 (1.359)	3.075* (1.745)	3.078* (1.741)	2.597 (1.785)
N	942	974	974	906
控制人口学特征	是	是	是	是
控制区域固定效应	是	是	是	是
Adj - R^2		0.389	0.389	0.397

注：(1) 括号内为 Huber - White 稳健型标准差。(2) ***、**、*分别代表1%、5%和10%的显著性水平。

第七节 结论

改革开放40多年来，中国经历了历史上最快速、规模最大的城市化，这有力地推动了中国实现经济的高速稳定增长。然而，这一城市化进程并不是完整的，由于户籍制度的存在，广大的外来非户籍移民尽管为城市的繁荣做出了巨大的贡献，却无法充分享受平等的公共服务和社会保障，无法在劳动力市场拥有同等的机会，这对他们的经济行为具有重要的影响，其中就包括现代城市生活最重要的一部分——“住”——家庭的住房决策。本章基于翔实的微观调查数据，在控制丰富的个人、家庭与城市特征，同时考虑移民家庭的样本选择问题与户籍决定的内生性条件下，研究户籍地位、移民历史对家庭住房决策的影响，结果发现：家庭的移民历史并不会在整体上降低家庭拥有自有住房的概率，只会显著地推迟家庭的购房行为；相反，家庭未获得当地城市户籍，则会显著地抑制对自有住房的需求，对非户籍移民家庭而言，“城里的房子”不是“迟来”而是“不来”。我们还对三个可能的传导机制进行了检验，发现户籍地位很有可能是通过不完善的社会保障体系和较低的“职业稳定性”，增强了非户籍移民家庭的预防性储蓄动机，从而抑制了对自有住房的需求。

本章研究结论对中国的城市化发展战略有着重要的现实意义。目前，从中央政府到地方政府都已经认识到，城市化不应单单着眼于劳动力的转移，更应当把目标放在：让进入城市的“新移民”留下来安居乐业。而包括农业转移人口在内的城市“新移民”安居乐业的关键影响因素之一就是他们能不能、愿不愿意在城市中拥有自有住房。本章的研究表明，这一问题的症结所在是现有的户籍制度，但根源是这一制度背后不均等的公共服务和社会保障体制，以及劳动力市场尤其是国有部门中存在的针对非户籍劳动者的歧视。中央政府只有下定决心，破除现有户籍制度所造成的制度瓶颈，才有可能真正实现“人的城市化”，让他们真正融入所在的城市。

第四章

中国住房价格的动态学分析

第一节 引言

中国的房地产市场自 2003 年之后经历了长足的发展，主要表现为城市住房价格一路“高歌猛进”，尽管从中央政府到地方政府，十余年间出台了几十条住房调控政策，但仍然难以抑制房价的高速增长。与高涨的房价相对应的是，居民收入相对缓慢地增加，这令人们不由得产生疑问，住房市场是否存在泡沫？这些泡沫一旦破裂，是否会造成像美国次贷危机那样的全面经济危机？

现有文献中对中国住房价格持续上涨的解释主要集中在一点：中国住房市场存在失衡。对此，研究者们提出了各种解释，包括地方政府的“土地财政”问题，央行宽松的货币政策等。我们认为，这些解释都有其合理性，因为住房作为一种耐用消费品必然受到基本供求规律的影响。

然而，不同于一般的商品，住房还具有另一种属性：金融资产。现实中存在大量的居民出于投资的目的购买住房，而非用来居住。在这种情况下，住房价格的动态学特征（dynamics）可能迥然不同于一般的耐用消费品，而更可能接近于金融资产。本章的研究证实了这一推断，这表现为其需求与价格变动的正向关系上。我们认为，这一事实对正确制定相关的住房市场调控政策，从而避免发生房地产泡沫具有重要的理论意义。

本章其余部分的结构安排如下。在第二节中，我们将详细地梳理有关异质性交易者的相关文献。在接下来的第三节中，我们将构建一个包括“购—租无套利”和“金融无套利”条件的模型，通过对不同类型家庭预期的假设，我们从中推导出住房市场中若干重要的关系式。在第四节中，我们着重分析房价和住房需求所构成的系统的动态特征，并模拟了可能出现的房价泡沫及其破裂的情况。最后一节是本章的结论和政策建议。

第二节　异质性交易者

将房地产纳入主流经济学的分析框架一直是经济学研究者一个重大的挑战。一方面，正如我们在引言部分所强调的，房地产兼具耐用消费品和金融资产的“双重属性”；另一方面，家庭购买住房服务主要有租房和购买自有住房两种形式，这一现象在“代表性主体”模型中是很难被很好解释的，因此我们需要家庭之间具有某种“异质性”。在本章的模型中，我们考虑的主要是家庭对未来房价预期的“异质性”。有关住房的“双重属性”，以及随之而来的“无套利条件”，我们已经在第一章第二节中做过十分详尽的介绍，在本节中，我们将介绍有关“异质性交易者”的相关理论。

在现实的经济社会中，家庭对资产价格的预期多种多样，大众媒体上对股市行情、房价未来走势的各种“大相径庭”的预测就是预期差异的一个重要体现。这种预期的“异质性”可能来自多个方面：首先是家庭“认知能力”（cognitive ability）上的差异，比如家庭是否能够区分经济中“名义利率”和“真实利率”的区别。其次，“异质性”也可能来自家庭（或者投资者）特定的市场交易策略。一些学者（De Long，1990；Day &

Huang，1990）在研究中将投资者分为"基本面投资者"和"技术分析型投资者"。前一种投资者（或家庭）更加关注资产的"基本面"，当资产价格明显偏离其基础价值时，这部分投资者会进行反向交易，从而将资产价格拉回到均衡水平。相反，"技术分析型投资者"则过于关注过去短期内价格变化的趋势，并且认为这种趋势会持续下去，从而对资产进行"追涨杀跌"，这种交易策略极大地增强资产价格的波动性，并且将其"推离"均衡水平。最后，一部分文献还假定，经济中某些家庭对未来资产价格的变化十分悲观，认为市场中充满风险，从而远离任何风险资产的交易。与此相对的是"乐观型交易者"，他们对资产价格的变动方向充满信心，甚至忽略了市场中可能存在的风向。我们在本节中，对"异质性预期"在房地产研究文献中的两个运用实例进行详细的介绍。

皮阿泽斯和施耐德（2008）利用一个理论模型证明，在住房能够被作为抵押品的经济中，家庭对真实利率的不同预期可能会导致住房价格的波动。他们在模型中假设存在两类家庭：一类"理性"家庭可以正确地分辨真实利率和名义利率的区别，也就是说，他们不具有"通货膨胀幻觉"；另一类家庭则不能区分两种利率的区别，从而具有"通货膨胀幻觉"。显然，当经济中的通货膨胀水平偏离其历史平均值时，上述两类家庭对利率水平的预期会产生很大的差异，这就体现出家庭预期上的异质性，而这种"异质性"会导致两类家庭之间的借贷行为：当名义利率水平由于通货膨胀预期降低而降低时，"理性"的家庭（或投资者）会正确地认识到这一点，并且预期未来随着通胀预期的上升，名义利率也会上升，住房相对无风险资产的相对收益率会随之下降，在这种情况下，这部分"理性"家庭不会购买住房。与此同时，那些具有"通货膨胀幻觉"的家庭会将名义利率混同于真实利率，在这种情况下，购买住房显得更加"有利可图"。因此，我们会看到，在低通胀预期所导致的低名义利率的环境下，"理性"的家庭会向"通胀幻觉"的家庭借贷，"资助"后者投资于住房资产，从而在一定程度上推高了房价。在另外一种情况下（高通胀预期导致高名义利率），借贷方向出现了逆转，"通胀幻觉"的家庭会向"理性"的家庭借贷。由此可见，皮阿泽斯和施耐德的论文中家庭的"异质性"是源于不同家庭经济学认知水平上的差异。

皮阿泽斯和施耐德的论文中，住房主要被作为一种金融"抵押品"，而法瓦拉和宋铮（Favara & Song，2014）的研究则揭示出，当住房被作为一种投资品时，家庭（投资者）对房价预期的"异质性"会对均衡的住房价格造成怎样的影响。他们先考察了"同质性预期"下的均衡住房价格，之后，家庭被外生地区分为"悲观家庭"和"乐观家庭"。悲观家庭对房价的增长预期较为悲观，所以他们只选择租房，而住房交易市场完全被"乐观型"家庭所主导。在这种情况下，均衡住房价格和房地产市场的波动性都会高于"同质性预期"下的水平。作者还用美国不同城市家庭收入的数据对理论模型的预期进行了实证检验。

第三节　家庭的住房决策

一、家庭的住房决策问题

在本节中，我们构建了一个关于家庭住房需求的动态一般均衡模型。假设家庭 j，其 t 期持有的住房具有"双重属性"，因此既可能自住，也可能出租或出售，以获得回报。令 $W_{j,t}$资本市场中的无风险资产，其收益率为 r。在这种情况下，只有在住房的资本回报率超过 r 时，家庭才会考虑持有住房，否则就会出现套利机会。假设家庭 j 在 t 期拥有的住房资产量为 $H_{j,t}$，其中自住部分为 $L_{j,t}$，用于出租的部分为 $H_{j,t}-L_{j,t}$。此外在 t 期，家庭将会考虑下一期所拥有的住房总量 $H_{j,t+1}$。显然，$H_{j,t+1}-H_{j,t}>0$ 表示家庭在当期购买住房，反之，如果我们观察到 $H_{j,t+1}-H_{j,t}<0$，意味着家庭选择出售部分房产。在这些设定下，我们可以将家庭的预算约束写成

$$W_{j,t+1} = (1+r)W_{j,t} + Y_{j,t} - C_{j,t} - dP_tH_{j,t} + Q_t(H_{j,t} - L_{j,t}) - E_j[P_{t+1}](H_{j,t+1} - H_{j,t}) \tag{4.1}$$

其中，$C_{j,t}$是家庭 j 的消费支出；$Y_{j,t}$是家庭 j 的收入；Q_t 为单位租金，从而 $Q_t(H_{j,t} - L_{j,t})$ 是家庭的房租收入；P_t 为当期单位房价，$E_{j,t}[P_{t+1}]$ 则为家庭 j 所预期的 t+1 期的房价，$E_{j,t}[P_{t+1}](H_{j,t+1} - H_{j,t})$ 为家庭新增住房的预期支出；$dP_tH_{j,t}$代表家庭为住房支付的物业费、折旧等使用成本，这里，我们假定使用成本 d 是一个常数。本章中，将除住房外，其他普通商品的价格为 1。r 表示实际利率。

在家庭的偏好设定方面，我们假设家庭的劳动供给是无弹性的，其效用来自消费 $C_{j,t}$和住房服务 $L_{j,t}$。为了计算的便捷，我们设定了一个对数效用函数（4.2）。根据效用函数和预算约束，家庭 j 将选择普通商品消费水平 $\{C_{j,t+i}\}_{i=0}^{\infty}$、住房消费水平 $\{L_{j,t+i}\}_{i=0}^{\infty}$和住房资产 $\{H_{j,t+i}\}_{i=0}^{\infty}$，从而最大化其效用水平。

$$\max E_{j,t}\left[\sum_{t=i}^{\infty}\beta^t(\ln C_{j,t+i} + \kappa \ln L_{j,t+i})\right] \tag{4.2}$$

预算约束为方程（4.1）。

命题 1 给出了家庭 j 的购房决策问题（4.1）和（4.2）的解。

【命题 1】 购房决策问题（4.1）和（4.2）的最优解为：

$$C_{j,t} = (1+r)\beta C_{j,t-1} \tag{4.3}$$

$$L_{j,t} = \frac{\kappa}{Q_t}C_{j,t} \tag{4.4}$$

$$\frac{E_{j,t}[P_{t+1}] + Q_t}{P_t} = 1 + r + d \tag{4.5}$$

我们将在本章给出【命题 1】的证明（见附录 A）。

上述命题中，方程（4.3）实际上是跨期消费的 Euler 公式；方程（4.4）反映了在给定 $C_{j,t}$的情况下，住房消费水平 $L_{j,t}$的决定方程。而方程（4.5）是我们最为关注的。

就家庭 j 而言，方程（4.5）左边的（$E_{j,t}[P_{t+1}] + Q_t)/P_t$ 可以理解为

家庭获得住房资产的预期回报率，其中，$E_{j,t}[P_{t+1}]/P_t$ 代表房价上涨给家庭所带来的资本回报，Q_t/P_t 则表示租金回报；方程右边的 $1+r+d$ 则为购买住房资产的机会成本，即来自无风险资产的利息成本和住房使用成本。事实上，方程（4.5）就是我们在第一章中详细阐述的住房的“金融无套利”条件。我们可以这样理解其中的关系：当 $(E_{j,t}[P_{t+1}]+Q_t)/P_t > 1+r+d$ 时，购买住房资产的预期回报率高于其机会成本，此种情况下，家庭将在预算约束允许的范围内尽可能地获得住房资产；而当 $(E_{j,t}[P_{t+1}]+Q_t)/P_t < 1+r+d$ 时，家庭将不会继续持有房产，而将持有无风险资产，并以租房的方式享受住房服务。

二、无套利条件

方程（4.5）中同时包含了房价 P_t、房价的预期 $E_t[P_{t+1}]$、租金 Q_t 和无风险资产的收益率 r_t，也就刻画了在均衡状态下这些变量的相互关系。如果我们将房价预期写成如下增长率预期的形式：

$$E_{j,t}[P_{t+1}] = (1+E_{j,t}[p_{t+1}])P_t$$

然后通过一些简单的代数运算，容易得到下面的“金融无套利”条件：

$$E_{j,t}[p_{t+1}] + \frac{Q_t}{P_t} - d = r \tag{4.6}$$

方程（4.6）左侧表示，在家庭购买一单位住房资产的情况下，[1] 他们预期能够获得的住房资产增值收益 $E_{j,t}[p_{t+1}]$ 和出租住房获得的租金收益 $\frac{Q_t}{P_t}$，减去拥有住房所带来的维护成本 d。公式右侧表示同样资金购买无风险资产可以获得的收益 r。显然，理论上二者必须相等，否则就会出现套利机会。

① 显然，为了分析的便利，我们在这里没有考虑住房资产的不可分性。

第四节 异质性预期下的住房市场需求

如方程（4.5）所述，反映住房市场均衡的无套利条件取决于预期。然而，正如我们在第二节所描述的，家庭对于房价的未来变动的预期可能存在很大的"异质性"。为此，我们综合第二节所述文献中的两类"异质性预期"的来源，将家庭分为三种类型："保守型家庭"、技术分析者和基本面分析者。

一、"保守型家庭"

"保守型家庭"对房价增速的预期比较保守。特别地，令 $E_{q,t}[p_{t+1}]$ 为"保守型家庭"预期的房价增长率。为使分析尽量简化，我们假定：

$$E_{q,t}[p_{t+1}] = p_q,\ p_q < r + d \tag{4.7}$$

在命题2中，我们将证明，在满足某些条件的情况下，经济中必然存在"保守型家庭"。

【命题2】 假定经济中不存在家庭购房的金融约束。则要使 $Q_t > 0$，经济中至少存在某些家庭，其预期的房价增长率 $E[p_{t+1}]$ 低于 $r + d$。与此同时，持有此预期的家庭不选择购房。

此命题的证明本章将给出（见附录A）。

"保守型家庭"存在的意义在于，他们保证了经济中租房的需求不为0，也就是保证了 $Q_t > 0$。但是，由于他们对未来住房市场的预期较为"悲观"，所以不会购买自有住房，从而也就不会对住房价格发挥影响。

给定"保守型家庭"的预期 p_q，方程（4.6）让我们得到租房市场均衡条件下 Q_t 的决定公式：

$$Q_t = (r + d - p_q)P_t \tag{4.8}$$

当然，上述讨论中，我们是以“保守型家庭”的存在来决定租房市场的存在，并由此而得出租金 Q_t 的决定方程（4.8）。然而，现实中，不仅“保守型家庭”参与租房市场，同时大量的低收入者和受贷款及其他购房约束的居民也参与租房市场。本章没有考虑其他租房市场的参与者纯粹是出于简化，目的是为了较为容易地得出租金 Q_t。

二、技术分析者

购房市场的主要参与者来自另外两类家庭：技术分析者和基本面分析者。

技术分析者根据资产价格的历史轨迹来分析和预测资产价格，这些家庭对房价的基本预期是：资产价格具有动能（momentum），能够在相当长的时期内保持上升或下降的趋势，因此对未来价格变动的最好预测就是上几期的价格变动。本章中，我们取最简单的技术分析者之预期，即完全的适应性预期。

$$E_{c,t}[p_{t+1}] = p_t$$

这里，$E_{c,t}(\cdot)$ 表示技术分析者在 t 期的预期算子。给定式中技术分析者的房价预期，技术分析者购房的预期净回报率 $E_{c,t}[\gamma_{t+1}]$ 可表示为

$$E_{c,t}[\gamma_{t+1}] = p_t + \frac{Q_t}{P_t} - r - d \tag{4.9}$$

将（4.8）代入上式以解释 Q_t，我们可以得到方程（4.10）

$$E_{c,t}[\gamma_{t+1}] = p_t - p_q \tag{4.10}$$

如果上一期房价增长率大于“保守型家庭”的预期 $p_t > p_q$，技术分析者将会尽量购置住房资产，反之亦然。显然，$E_{c,t}[\gamma_{t+1}]$ 越大，来自这类家庭的住房需求就越大。令 $\Delta h_{c,t}$ 为技术分析者 t 期的新购住房需求（$\Delta h_{c,t} < 0$ 代表住房供给）。为使分析尽量简化，我们假定有如下关系：

$$\Delta h_{c,t} = a_c E_{c,t}[\gamma_{t+1}] = a_c(p_t - p_q) \tag{4.11}$$

其中，参数 $a_c > 0$ 反映了技术分析者的市场力量。方程（4.11）表明

技术分析者的需求 $\Delta h_{c,t}$ 与住房价格正相关。从这个意义上说，技术分析者的市场行为体现为“高买低卖”，与一般商品的需求模式有明显的差异，而类似于金融资产的需求。我们认为，在这种情况下，技术分析者在住房市场上的行为可能导致市场的不稳定。

三、基本面分析者

模型中还包括第三类家庭，我们称之为基本面分析者。这类家庭主要依据资产的基础价值和未来可能受到的冲击来预测资产价格在未来的变动。基本面分析者认为资产未来的价格会收敛于其长期的均衡路径。在这个意义上，基本面分析型家庭是最接近于经典宏观模型中的“理性预期”主体的家庭类型。我们可以将这种预期形成方式表达为如下形式：

$$E_{f,t}[p_{t+1}] = p_f \tag{4.12}$$

其中，p_f 可视为长期均衡路径上的房价增长率。由此，其交易行为可表述为：

$$\Delta h_{f,t} = a_f(p_f - p_t) \tag{4.13}$$

其中，$\Delta h_{f,t}$ 为基本面分析者 t 期的新增购房需求（$\Delta h_{f,t}$ 为负表示新增供给），参数 $a_f > 0$ 反映了这类家庭的市场力量。显然，与另外两类家庭相比，基本面分析者的预期符合资本价格变化的真实情况，从而是市场稳定的基本力量。

四、市场需求

我们用 h_t 代表第 t 期住房市场总需求。其中，h_t 包括家庭已经持有的住房存量，也包括还未实现的需求（新增需求）。这样，在 t+1 期，住房市场的总需求为：

$$h_{t+1} = \Delta h_{c,t} + \Delta h_{f,t} + h_t \tag{4.14}$$

将方程（4.11）和（4.13）代入，可以得到：

$$h_{t+1} = (a_c - a_f)p_t + h_t + (a_f p_f - a_c p_q) \tag{4.15}$$

方程（4.15）可以理解成住房市场的需求函数。我们发现，除一些常数项外，住房市场的新增需求 $h_{t+1} - h_t$ 取决于住房价格的增长率 p_t，而该函数是否如同常规的需求函数那样向下倾斜（或是否与 p_t 负相关）则取决于 a_f 和 a_c 的比较，即基本面分析者和技术分析者市场力量的比较。特别地，当 $a_c > a_f$，即技术分析者的市场力量大于基本面分析者的市场力量时，需求曲线是向上倾斜的。

第五节 计量检验

在本节中，我们采用中国的数据对方程（4.13）进行实证检验。目前中国主要的房地产统计数据，尤其是销售量数据仍然以年度数据为主。[①] 考虑到数据的频率以及城市间可能存在的“异质性”，我们决定估计一个基于城市面板数据的双向（two-way）固定效应模型。

在计量模型的变量选取方面，我们采用该城市当年与上一年住房销售面积的变化（$\Delta floor_t$）来代表理论模型中的新增需求（$h_{t+1} - h_t$）作为被解释变量。在解释变量方面，我们采取两种方式来定义住房价格的变化

① 目前学术界采用的房价指数主要有三种：国家统计局公布的新建住宅平均价格指数（简称“平均价格指数”）、国家发改委公布的70个大、中城市住房价格指数（简称“70城市指数”）以及清华大学房地产研究院基于住房特征估计的价格指数（简称“hedonic价格指数”）。根据邓等（Deng et al.，2012），与其他两个指数相比，70城市指数严重地低估了城市房价的增长速度。hedonic价格指数因为采用微观数据，并且在估计时充分考虑了住房特征，因此相对质量最高，但可惜只涵盖了35个大、中城市，且时间序列较短（最早从2006年开始），因此不适合本章的研究。平均价格指数是由城市当年新建住房销售总额除以销售总面积得到的，根据邓等（2012），平均指数与hedonic价格指数相比，尽管波动较大，但基本上与后者具有类似的变动趋势，并且具有hedonic价格指数不具备的样本覆盖城市广、时间序列长的优点。因此，本章中采用国家统计局的新建住宅平均价格指数来衡量房价。

率，第一种是城市平均房价的对数差分值 $\Delta\log(\text{hprice})_{t-1}$，第二种是房价对数差分值滞后 1 ~ 3 期的移动平均值 $\Delta\log(\text{hprice})_{[t-3\rightarrow t-1]}$。[①] 此外，我们还控制了一系列城市特征：包括城市当年吸引的外国直接投资的对数值、居民可支配收入的对数值、城市人口密度和第三产业占工业总产值之比等。所有变量都取水平值的一阶差分。以上数据都来自国家统计局和2002—2014 年的《中国城市统计年鉴》。最后，我们在回归中控制了城市固定效应和年份固定效应。

表 4.1 报告了实证回归的结果，其中，模型（1）选用平均房价的对数差分值 $\Delta\log(\text{hprice})_{t-1}$ 作为解释变量，系数符号为正，但是并不显著；模型（2）中，我们将解释变量替换为 $\Delta\log(\text{hprice})_{[t-3\rightarrow t-1]}$，即滞后 1 ~ 3 期的移动平均值，此时，解释变量系数显著为正，显示房价增长率增加1% 时，城市住房销售量上升 0.173。控制变量中，居民收入和城市人口密度的系数都显著为正，显示住房需求的基本面对住房销售的影响。最后，模型的 R – square 值都在 0.2 左右，说明（在面板数据模型的设定下）我们的模型具有很好的解释力。

表 4.1　　实证检验：住房需求与房价

	模型（1）	模型（2）	模型（3）	模型（4）
被解释变量				
$h_{t+1} - h_t$	Δfloor_t	Δfloor_t	Δfloor_t	Δfloor_t
解释变量				
$\Delta\log(\text{hprice})_{t-1}$	0.0155 (0.0211)		0.0161 (0.0209)	
$\Delta\log(\text{hprice})_{[t-3\rightarrow t-1]}$		0.173 ** (0.0825)		0.179 ** (0.0833)

① $\Delta\log(\text{hprice})_{t-1}$，$\Delta\log(\text{hprice})_{t-2}$，$\Delta\log(\text{hprice})_{t-3}$ 的平均值。

续表

	模型（1）	模型（2）	模型（3）	模型（4）
控制变量				
FDI	-0.000812 (0.00852)	0.00129 (0.00975)	-0.000641 (0.00856)	0.00152 (0.00978)
居民可支配收入	0.216*** (0.0678)	0.126** (0.0555)	0.229*** (0.0714)	0.144*** (0.0481)
人口密度	0.00227 (0.0620)	0.0878** (0.0383)	0.00375 (0.0624)	0.0901** (0.0384)
第三产业占比	-0.000329 (0.00413)	-0.000402 (0.00446)	-0.000870 (0.00407)	-0.000974 (0.00439)
常数项	0.159*** (0.0168)	0.149*** (0.0202)	0.173*** (0.0481)	0.101 (0.0695)
观测值	2018	1835	2018	1835
样本城市数量	206	205	206	205
城市固定效应	YES	YES	YES	YES
年份固定效应	YES	YES	YES	YES
城市特定趋势	NO	NO	YES	YES
adj - R^2	0.195	0.206	0.203	0.217

注：（1）括号内为聚类稳健型（cluster-robust）标准差，聚类为地级行政区。（2）***、**、*分别代表1%、5%和10%的显著性水平。

表4.1中模型（1）和模型（2）的回归结果显示，至少在短期内，较高的房价增速会推高住房的需求，而非像普通商品那样抑制需求。在我们的理论模型中，这体现为技术分析者的市场力量 a_c 强于基本面分析者的市场力量 a_f。此外，技术分析者对未来房价的预期往往基于过去多期的房价增长情况，而非一期，这一结果与热兰和兰兴（Gelain & Lansing，2014）利用美国数据所得到的结论相吻合。

为了更好地捕捉城市间房价变动趋势存在的“异质性”，我们在控制不同类型城市（一、二、三线城市）特定时间趋势的情况下，[①] 重复（1）~（2）列的实证检验，结果报告在模型（3）和模型（4）中。通过观察，不难发现，控制特定趋势条件下得到的回归结果与之前的结果在符号和显著性方面完全一致，这表明我们的分析结果是稳健的。

第六节 动态分析

给定前文所讨论的房地产需求，我们接着分析在这样一种需求行为下房价的动态特征。迄今为止，我们在分析房价的动态时都没有考虑住房的供给，事实上，住房的供给是会随着住房需求的变化而进行（缓慢的）调整的，但是为了分析的简便，我们采取和主流文献一样的设定，假设住房的供给为 h_s 常数。此时，在 $t+1$ 期，住房市场的供需状态为 $h_{t+1}-h$。我们假定 $t+1$ 期住房价格满足方程（4.16）中的关系：

$$p_{t+1}=\theta(h_t-h_s) \tag{4.16}$$

其中，$\theta>0$。于是，方程（4.14）和（4.15）构成了一个标准二维空间（p_t，h_t）上的动态系统。

我们接下来对这个二维动态系统进行分析。

一、稳定状态

系统（p_t，h_t）的稳定状态由如下命题给出。

【命题3】 令 $p_{t+1}=p_t=\overline{p}$ 和 $h_{t+1}=h_t=\overline{h}$，其中 $\overline{p}$ 和 $\overline{h}$ 分别为 p_{t+1} 和 h_{t+1} 的稳定状态。于是：

---

① 具体做法是，我们分别用一线城市、二线城市的虚拟变量与年份虚拟变量相乘，并加入计量模型（1）和模型（2）中。本章中的一线城市定义为北京、上海、广州、深圳。二线城市定义为所有的省会城市和计划单列市。

$$\bar{p} = p_q - \frac{a_f(p_f - p_q)}{a_c - a_f},\ \bar{h} = \frac{\bar{p}}{\theta} + h_s \tag{4.17}$$

该命题的证明极为容易，因此，文中省略。

二、稳定性分析

为了分析动态系统（p_t，h_t）的稳定性，我们需要写出系统在稳定状态（$\bar{p}$，$\bar{h}$）下的 Jacobian 矩阵：

$$J = \begin{bmatrix} 0 & \theta \\ a_c - a_f & 1 \end{bmatrix}$$

上面矩阵的特征方程可写成：

$$\lambda^2 - \lambda - \theta(a_c - a_f) = 0 \tag{4.18}$$

求解（4.18）式，得：

$$\lambda_{1,2} = \frac{1}{2}[1 \pm \sqrt{1 + 4\theta(a_c - a_f)}]$$

根据上式，我们可以获得命题 3。

【命题 4】 设 $\lambda_1 \geqslant \lambda_2$。则特征根 λ_1 和 λ_2 具有如下性质。

（1）如果 $a_f \leqslant a_c$，则两个特征根均为实根，且 $\lambda_1 \geqslant 1$；

（2）如果 $a_f > a_c$，但 $a_f \leqslant a_c + 1/(4\theta)$，则两个特征根均为实根，且 λ_1 和 λ_2 均小于 1，大于 0；

（3）$a_f > a_c + 1/(4\theta)$，则特征根 λ_1、λ_2 为一对共轭复根。此种情况下，存在着一个大于 $1/[4(a_f - a_c)]$ 的 θ，记为 θ^*，使得：

- 当 $\theta < \theta^*$ 时，$|\lambda_{1,2}| < 1$；
- 当 $\theta = \theta^*$ 时，$|\lambda_{1,2}| = 1$；
- 当 $\theta > \theta^*$ 时，$|\lambda_{1,2}| > 1$；

此命题的证明给出（见附录 A）。

我们可以讨论一下命题 3 中的经济学含义：假设 $a_f \leqslant a_a$，此时市场主要由技术分析者所主导，我们有 $\lambda_1 \geqslant 1$，从而房价出现单调发散，初始条

件决定其是上涨还是下跌。情形 2：a_f 增加，小于 $a_c+1/(4\theta)$，但大于 a_c，此时基本面分析者开始主导整个市场，但由于 θ 值较小，此时 λ_1 和 λ_2 均小于 1，大于 0，从而房价出现单调收敛至稳定状态。情形 3：a_f 进一步增加，且大于 $a_c+1/(4\theta)$，此时，λ_1 和 λ_2 为一对共轭复根，经济体出现波动。但如果 θ 仍然适中，如小于 θ^*，从而使 $|\lambda_{1,2}|<1$，则经济体将仍然波动性收敛至稳定状态。相反地，如果 θ 过大，大于 θ^*，则由于 $|\lambda_{1,2}|>1$，房价呈波动式发散。很容易发现，本案中，$\theta^*=1/(a_f-a_c)$。从而 θ^* 是一个 Hopf－分叉。

三、动态学模拟

接下来，我们在给定参数（见表 4.2）的情况下，对动力系统（p_t，h_t）进行模拟，从而考察模型的动态学特征。

表 4.2　　模拟所用的基准参数

a_c	a_f	θ	h_s	p_q	p_f
0.5	0.3	0.4	100	0.02	0.04

我们可以讨论一下表 4.2 中参数选取的原则。首先，$a_f<a_c$，即命题 3 中的情形 1，这意味着经济中，房价 p_t 的动力学行为主要由“技术分析型”家庭所主导，而基本面分析型家庭的市场力量比较薄弱。很容易算出：$\bar{p}=-0.01$，$\bar{h}=99.975$。前面已指出，当住房市场主要由“技术分析型”家庭所主导时，房价 p_t 呈单调发散状态。图 4.1 中，系统（p_t，h_t）在不同的初始条件下表现出不同的动力学轨迹。

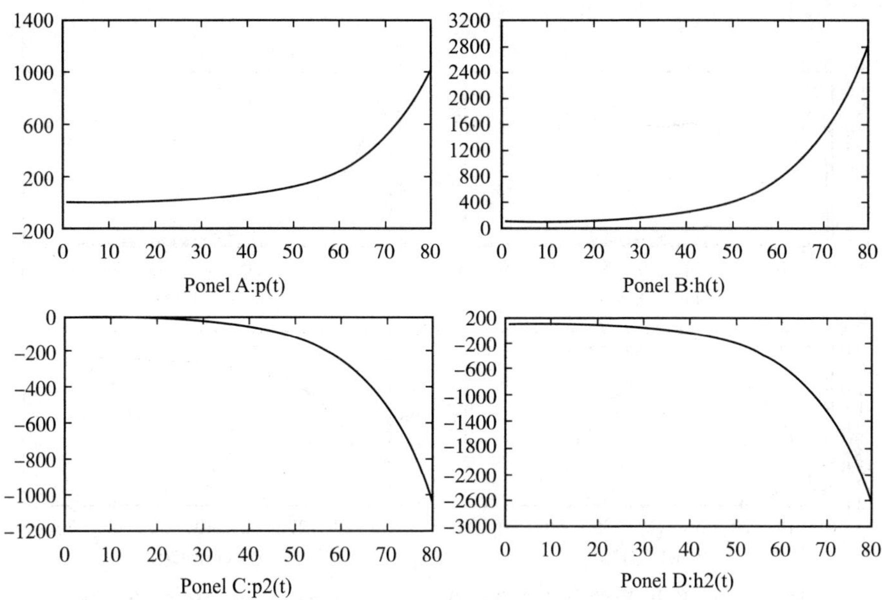

图 4.1 p_t 和 h_t 的动力学轨迹：单边发散（$a_f=0.5$，$a_c=0.3$，$\theta=4$）

注：A 格和 B 格的初始条件为 $p_0=\bar{p}$，$h_0=1.1\bar{h}$，C 格和 D 格的初始条件为 $p_0=\bar{p}$，$h_0=0.9\bar{h}$。

现在我们考虑改变 a_c 和 a_f。假定 $a_c=0.3$，$a_f=0.5$，从而 $a_f>a_a$，其他参数不变。很容易发现，此种情况下，$a_f\leqslant a_a+1/(4\theta)$，且 $\bar{p}=0.07$，$\bar{h}=100.175$，显然，此种情况为命题 3 中的情形 2。图 4.2 给出了相应的关于（p_t，h_t）的动力学轨迹：如我们所预期的，p_t 和 h_t 呈单边收敛至各自的稳定状态。

现在我们考察将 θ 增加至 4，其他参数不变，此时，$a_f>a_a+1/(4\theta)$ 得到满足，从而特征根 λ_1 和 λ_2 为一对共轭复根，即经济进入情形 3。很容易发现，Hopf－分叉 θ^* 则为 5，从而 $\theta<\theta^*$。图 4.3 给出了相应的关于（p_t，h_t）的动力学轨迹：如我们所预期的，p_t 和 h_t 呈波动性收敛至各自的稳定状态。

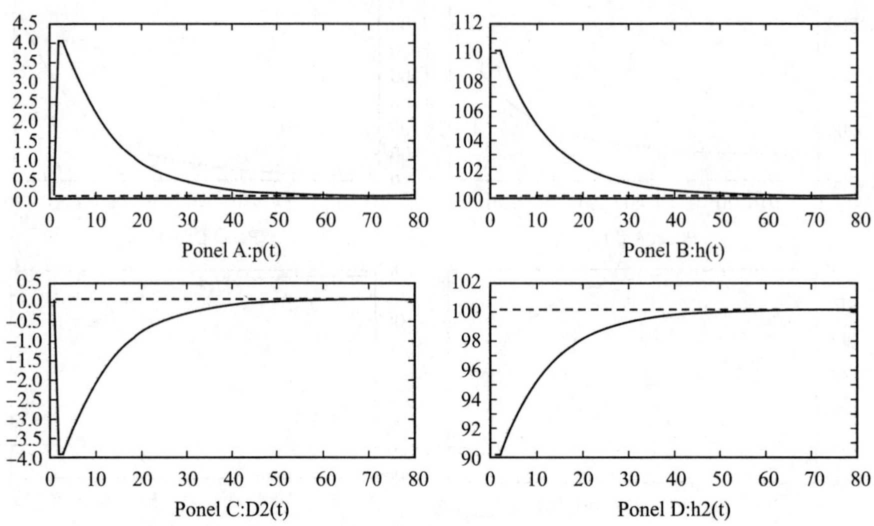

图 4.2　p_t 和 h_t 的动力学轨迹：单边收敛（$a_f=0.5$，$a_c=0.3$，$\theta=4$）

注：A 格和 B 格的初始条件为 $p_0=\overline{p}$，$h_0=1.1\overline{h}$，C 格和 D 格的初始条件为 $p_0=\overline{p}$，$h_0=0.9\overline{h}$。

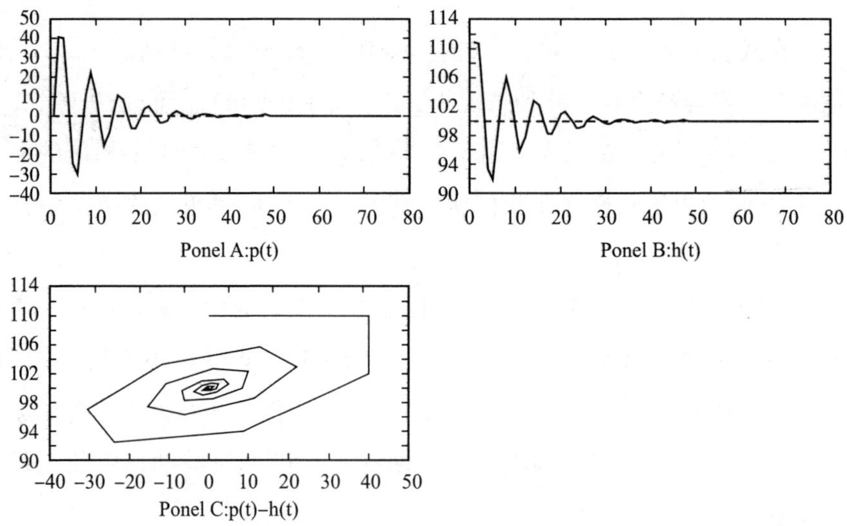

图 4.3　p_t 和 h_t 的动力学轨迹：波动性收敛（$a_f=0.5$，$a_c=0.3$，$\theta=4$）

注：初始条件为 $p_0=1.01\overline{p}$，$h_0=\overline{h}$。

现假定 θ 进一步增加至 6，从而 $\theta > \theta^*$。图 4.4 给出了相应的关于 (p_t，h_t) 的动力学轨迹：如我们所预期的，p_t 和 h_t 呈波动性发散。

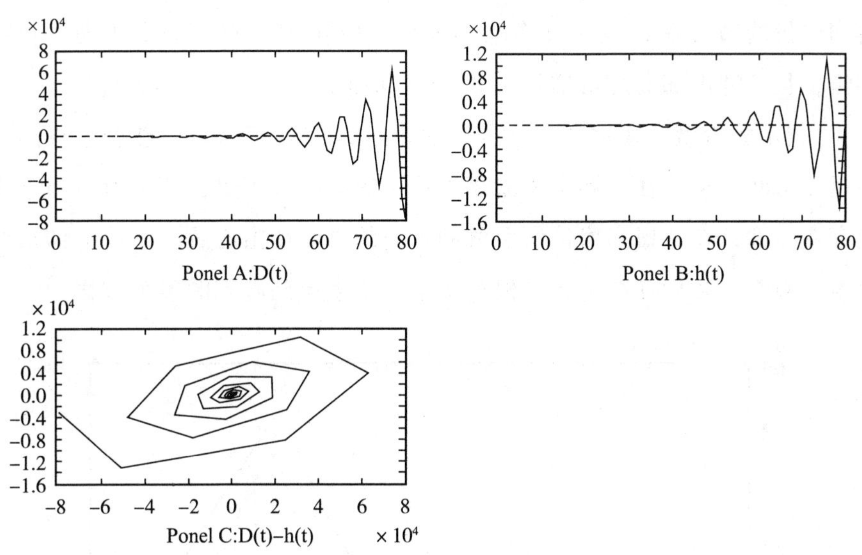

图 4.4 p_t 和 h_t 的动力学轨迹：波动性发散

注：初始条件为 $p_0 = 1.01\bar{p}$，$h_0 = \bar{h}$。

四、住房市场泡沫

从第三节的动态分析中，我们已经知道，如果市场由技术分析者主导，房价可能快速上升，从而严重地背离其基础价值，我们可以将其视作住房市场中的泡沫。那么接下来的问题是，这种泡沫能否持续下去，或者将会如何破裂呢？比如，房价越高，开发商就会越有动力建造新的住房，从而产生正向供给冲击。为此，我们定义一个随机冲击 ε_t，从而使得 t 期住房的供给变为时间变量 $h_{s,t}$，满足：

$$h_t^s = h_{t-1}^s + \varepsilon_t \tag{4.19}$$

其中，随即冲击 ε_t 定义如下。

$$\varepsilon_t = \begin{cases} 0, & \text{if } p_{t-1} < p_f \\ \mu p_{t-1} u_t, & \text{otherwise} \end{cases} \tag{4.20}$$

其中，随机变量 u_t 服从 0～1 间取值的均匀分布。方程（4.20）意味着当房价的增长率 p_t 高于某个临界水平，如 p_f 时，存在一个正向的供给冲击，且该冲击随着房价增长率 p_t 的增加而加大。

“技术分析型”家庭所主导的住房市场（在短期内）可能会造成房价的迅速上涨，从而在市场中积累相当程度的泡沫。不过长期来看，由于供给存在弹性，在考虑高房价所引致的正向的供给冲击之后，房价泡沫最终会走向破裂。我们在图 4.5 中模拟了泡沫从生成到破裂的整个过程。[①]

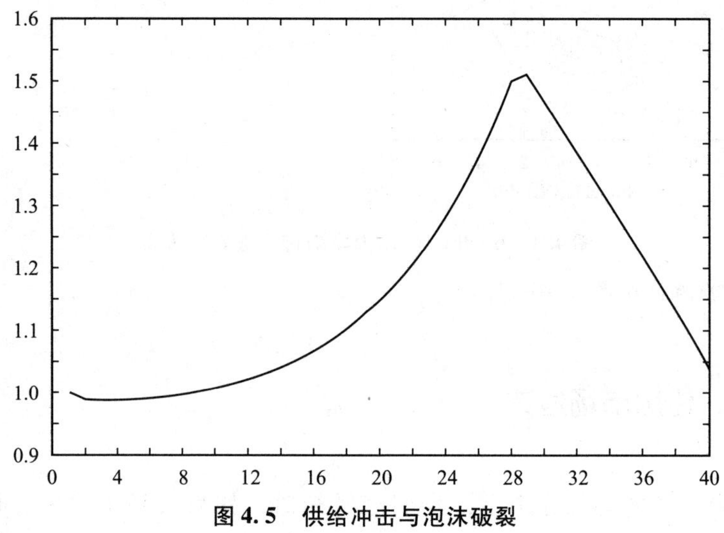

图 4.5　供给冲击与泡沫破裂

第七节　结论和政策建议

本章基于房地产所具备的商品和金融属性，构建了一个关于房地产需

① 在图 4.5 中，我们模拟了房价水平的动力学轨迹。参数为基准参数，市场由技术分析者主导。

求的动态模型，通过引入金融和“购—租无套利”条件及“异质性”交易者，揭示了房价的变动规律。

我们发现，住房所具有的商品—金融资产“双重属性”，可能导致住房需求规律明显不同于一般（耐用）消费品。比如房价越高（或房价增长率越高），家庭会认为其投资回报率越高，从而增加对住房的需求。住房所具有的这一特征，使其价格具有相当大的波动性，并且更容易在市场中积累泡沫。而一旦（“供给端”或者货币政策等）遭遇外部冲击，泡沫就很容易破裂，造成整个宏观经济的不稳定，甚至引发全面的金融危机。

由于房地产所蕴含的这种金融属性，对于房地产市场的调控显然不能照搬对一般商品调控的方法。事实上，我们更应考虑借助金融市场的监管手段来对住房市场进行监管。比如 2013 年 3 月颁布实施的二手房交易税，其作用机制在于提高交易成本，抑制投机者通过频繁“买入卖出”来推高房价，这类似于国际金融市场上的“托宾税”。

如果说二手房交易税是为了增加技术分析者的投机成本的话，政府还可以从影响购房者的预期入手对房地产市场进行干预。与金融市场类似，在房地产市场中，购房者的预期对整个市场的走向具有举足轻重的影响，本章的理论模型和实证分析已经充分地证明了这一点。有鉴于此，我们认为，政府在对房地产市场进行调控的过程中，必须充分重视对购房者的预期进行“管理”。例如，政府有必要根据各地实际，每年公布一个关于房价增长率目标，这一增长率目标的设定可以参照方程（4.6），即使得“金融无套利”条件得以满足。为了使家庭相信政府的预期是“可信的”，政府必须以所公布的房价增长率目标为基准，采取相关调控措施。通过遵守房价增速目标及相应的调控措施，政府可以以较低的成本，有效地影响家庭对房价的预期。

我们还需说明的是，作为一种金融资产，房价是很容易被炒高的。而房价一旦被炒高，就会激发更多的房地产投资。由于地方政府本身也可以从房地产投资中得到大量的卖地收入，而房地产投资本身也能在短期内推动当地的经济增长，因此，由房价高涨而激发的房地产投资（即前文模拟中的供给冲击）无疑为各地方政府所期待。实际上，在一定程度上，这已经构成了目前许多地方的一种主要的经济增长方式。

然而，这种由房价高涨所带动的房地产需求必然是投资性需求，正如本章所论证的，只有投资性需求才会因房价的高涨而增长。现实中，大量家庭拥有两套和两套以上的住房本身就意味着其对商品房的需求并不是为了自住，而是出于投资目的。其次，正如我们在前文的模拟中所看到的，这样一种由房价高涨所激发的供给冲击（或房地产投资）最终必然会带来泡沫的破灭：在总体已供给过剩条件下，由房地产投资所创造的供给已不再是有效供给，它所增加的只能是空置率，而空置率不断提高的最终结果必然是泡沫的破灭。最后，也是最为重要的是，作为一种增长方式，这种由房价高涨所带动的房地产投资也已越来越不适应新常态下中国的经济增长方式。“新常态”意味着中国已进入了一个新的发展阶段，而新的发展阶段必然意味着新的增长方式。这种新的增长方式必然以自主研发型的技术进步为主要动力（龚刚，2013，2016）。通过房地产投资来刺激经济增长本质上是一种粗放型的增长方式，它不仅会占用大量的土地和资源，从而使经济具有涸泽而渔的倾向，与此同时，也不利于全社会的技术进步。一方面，房地产业本身的全要素生产率并不高；[①] 另一方面，由泡沫所带动的房地产业的超额利润会损害制造业的投资和研发激励。在现实中，这表现为房地产的投资增速远远超过制造业的投资和研发投入，甚至很多制造业企业原本用于研发或扩大再生产的资金也被吸引到房地产行业。所有这些将损害中国的长期经济增长潜力。

① 例如，根据赵春雨等（2011）的研究，1999—2009 年，中国制造业部门的平均 TFP 年增长率为 20.9%，而房地产业的 TFP 年增长率仅为 6.1%。

第五章

住房“购—租比”与房价增长率

评估某一地区的住房价格是否处于合理区间，或者换言之，房地产市场是否存在泡沫，是从政府到普通民众都十分关心的问题。正如第一章第五节中所描述的，尽管已经存在大量（包括房地产在内的）对资产泡沫的理论研究，但是在实证中，对泡沫的识别依然非常困难。现实中缺乏一个易于理解又能被广泛接受的对泡沫的预测指标。而住房的购—租比(Price-to-rent ratio)[①] 恰好是一个“很自然”的选择：房价指数和租金指数在现实中都比较容易获得，而且在“购—租无套利”条件下，二者具有紧密的联系。在这种情况下，过高的房价—租金比可能被认为代表房价的估值过高，从而预示着市场中可能存在泡沫。

我们回顾第一章中有过“购—租无套利”理论或 User - Cost 模型的介绍，可以将式（1.4）移项后改写成如下的形式。

$$\frac{P_H}{R}=\frac{1}{\delta+\kappa+(1-\theta)(i+\rho)-\pi_H} \tag{5.1}$$

方程左侧是购—租比，我们容易发现，购—租比$\frac{P_H}{R}$与房价预期增长率正相关。在“购—租无套利”模型下，购—租比可以代表均衡状态下家庭对住房增长率的预期。

① 也有的文献或新闻报道称为“租—售比”。

目前在学术研究和大众媒体报道中，计算"购—租比"大多数采用的是国家或城市层面的房价指数和租金指数，我们认为这是存在问题的。在本章的研究中，我们采用北京市住房交易的微观数据来计算社区或街道水平的"购—租比"指数，并利用这一指数对房价的增长率进行估计，来检验"购—租比"指标的合理性。

第一节　现有"购—租比"指数存在的问题

相对于房价和租金的水平值，有很多研究更关注"购—租比"的变化，这是因为房价（或租金指数）在实际中更容易获得。如希梅尔伯格等（Himmelberg et al.，2005）就是利用美国住房金融委员会（Federal Housing Finance Agency，FHFA）公布的"重复销售住房价格指数"和从房地产咨询公司（REIS）获得的租金指数来计算购—租比。

然而，直接采用房价指数和租金指数来计算住房"购—租比"的方法存在两个严重的缺陷。

首先，指数实际上是通过计算价格的增长率来构造的。以"重复销售住房价格指数"（repeated-sales price index）为例，假设有一个城市的住房销售样本，我们选取其中那些曾经销售过两次或两次以上的住房作为新的样本，我们可以用类似方程（5.2）这样的 hedonic 回归来估计可观测特征 X_i（如面积、区位、户型等）和不可观测特征 Z_i（如邻里关系）对房价（或租金）p_{i0}的影响，估计残差表示为 u_{i0}。

$$p_{i0} = \delta_0 \cdot D_{i0} + \beta' X_i + \lambda' Z_i + u_{i0} \tag{5.2}$$

在之后的年份 $t(t>0)$，我们可以采用同样的方法估计房价（或租金）。注意，hedonic 回归中还包括一项年份虚拟变量 D_{it}，这一项在第 t 年取值为 1，在其他年份取值为 0。

$$p_{it} = \delta_0 \cdot D_{it} + \beta' X_i + \lambda' Z_i + u_{it} \tag{5.3}$$

如果家庭同一套住房的特征不随时间变化的话，我们也可以用式

(5.2) ~ (5.3) 来得到式 (5.4)。回归方程左侧是房价（或租金）的增长（率），右侧是年份虚拟变量和残差。我们可以这样理解式（5.4）中虚拟变量 D_{it}的系数的含义：它表示相同质量住房在不同年份销售时，相对于基期价格的差异。由此，我们可以构造“重复销售住房价格指数”。

$$p_{it} - p_{i0} = (\delta_t - \delta_0) \cdot D_{it} + (u_{it} - u_{i0}) \quad (5.4)$$

通过以上介绍，我们可以发现，“重复销售住房价格指数”或者类似方法得到的住房价格指数或租金价格指数，虽然很好地控制了不同时期销售的住房在质量上可能存在的变化，但是反映的却是价格（或租金）的变化，而非水平值。在这种情况下，如果处于比较优良社区的住房价格的增速比处于较差社区的住房的租金增速快，那么我们虽然观察到了购—租比的上升，但是两个指数衡量的是“质量”极为不同的住房，并不能反映实际购—租比的变化趋势（Smith & Smith，2006）。由此可见，与直接采用“房价指数/租金指数”来计算“购—租比”相比，更加合理的方法是比较同一套住房的房价和租金，或者至少是类似特征住房的房价和租金。

其次，关于传统“购—租比”计算方法的另一个挑战来自尤吉科和格莱泽（2007）。他们认为，居住在自有住房中的家庭（以下称业主）和租房者在社会经济地位方面存在很大的差异，这体现在业主往往具有更高的收入和受教育水平。同时自住住房和出租住房也存在很大的差异，比如自住住房往往面积更大，距离市中心更远。① 两位作者认为，在这种情况下，两类住房不太可能满足我们在第一章中所介绍的“购—租无套利”条件，因此计算购—租比意义也不大。

为了解决现有购—租比指数构建方面存在的问题，我们在本章中提出了一种新的方法来计算城市的购—租比指数，从而有效地增加出售住房和出租住房的相似度，使构造的指数更具合理性。另外，中国特有的住房市场特征，也保证了自有住房和租住住房具有更多的相似性：在大多数的住

① 注意，在美国都市，高档住宅往往位于城郊。

房小区内，既有自住住房，也有出租住房，这与美国“分割明显”的租房和自有住房市场有明显的区别。这一特征也使得我们能够更好地控制与住房有关的不可观测变量。

第二节 “购—租比”数据的构建

一、数据与变量

高质量微观数据的缺乏一直是制约有关中国住房市场研究的重要瓶颈。由于缺乏来自住房登记部门的数据，研究者大多依赖于房屋中介的数据。在本章的研究中，我们的样本来自中国最重要的房地产市场——北京市。我们的数据来自“搜房网”的二手房交易和房屋出租数据，样本包括从2005年到2016年共48万多笔交易记录，具体的样本分布情况如表5.1所示。

表5.1 **样本分布情况** 单位：笔

年份	租房交易	二手房交易	总计
2005	21233	2513	23746
2006	37493	5296	42789
2007	49697	12281	61978
2008	61297	8617	69914
2009	69555	28906	98461
2010	83496	19301	102797
2016	16552	72332	88884
总计	339323	149246	488569

在关于住房特征的变量方面，两个数据来源共同包括的变量有：房屋距市中心距离（d2center），距地铁站距离（d2subway），容积率（Far），绿化率（green），建筑面积（unitsize），卧室数量（bedroom），所在楼层，装修程度（decoration）等。2005—2010 年样本中重要变量的描述性统计如表 5.2 所示。

表 5.2　　2005—2010 样本变量描述性统计（均值）

变量	二手房	租房	观察值
距市中心距离（d2center）	14.1 千米	12.2 千米	399685
距地铁站距离（d2subway）	1.79 千米	1.56 千米	399685
容积率（Far）	2.66	2.64	317242
绿化率（green）	0.337	0.32	340572
建筑面积（unitsize）	82.36 平方米	67.95 平方米	399685
卧室数量（bedroom）	1.92	1.76	388672
所在楼层（floor）	7.87	7.36	399327
装修程度（decoration）			260668
精装	65%	53.25%	
简装	28.85%	42.84%	
无装修	5.55%	3.91%	

通过对比表 5.1 和 5.2 中的结果，我们发现，除了建筑面积之外，样本中交易二手房和出租住房的其他主要特征显示出很大的相似性，这与美国数据中表现出来的二者泾渭分明的区别差异较大。这一事实回答了格莱泽和久尔科（2007）提出的质疑，保证了我们直接比较住房交易价格和房租，并以此构造购—租比的合理性。

二、估计单套住房“购—租比”

尽管中国住房市场中二手房和出租住房在物理特征上的相似性保证了

两类住房的"可比性"，但是我们在实际构造"购—租比"指数的过程中仍然存在几个困难。

第一，我们很难同时观察到所有住房的交易价格和租金。出现在样本中的住房，要么是被交易（此时观察到的是交易价格），要么是用于出租（此时观察到的是租金）。[①] 如果我们希望计算每一间住房的"购—租比"，必须要估算它在另外一种情况下的"隐含价值"。[②] 对此，我们采用的方法是：首先采用全样本，在类似于方程（5.3）的 hedonic 回归中估计可观测的住房的"物理特征"对于（对数化后的）房价和租金影响。之后，利用估计获得的系数来计算每套住房的"隐含房价"或"隐含租金"（式 5.5 和式 5.6）。

$$\hat{p}_{it} = \sum_{j=1}^{K} \hat{\beta}_{jt,p} \cdot X_{ijt} \tag{5.5}$$

$$\hat{r}_{it} = \sum_{j=1}^{K} \hat{\beta}_{jt,r} \cdot X_{ijt} \tag{5.6}$$

最后，结合实际的房价（租金）和隐含的房价（租金）来计算每套住房的购—租比，其中 P/R(sold) 表示实际二手房价格与"隐含租金"之比，而 P/R(rental) 表示"隐含房价"与实际租金之比。

$$P/R(\text{sold}) = \frac{P_{it}}{\hat{R}_{it}} = \frac{P_{it}}{\sum_{j=1}^{K} \hat{\beta}_{jt,r} \cdot X_{ijt}} \tag{5.7}$$

$$P/R(\text{rental}) = \frac{\hat{P}_{it}}{R_{it}} = \frac{\sum_{j=1}^{K} \hat{\beta}_{jt,p} \cdot X_{ijt}}{R_{it}} \tag{5.8}$$

第二，在估算"隐含价格"的过程中，样本中存在"遗漏变量"问题。注意观察表 5.2 中各个变量的观察值数量，我们可以发现，小区容积率（far）、小区绿化率（green）和装修水平（decoration）存在较多的缺失。

---

① 当然，理论上，同一住房既可能出现在二手房交易样本中，又可能出现在房屋出租样本中，但是：（1）这两个事件可能发生在不同时期；（2）我们没有同一的房屋 ID 将二者匹配起来。

② 具体而言，针对交易二手房，需要估算它的隐含"租金"；对于出租住房，需要估算它的"隐含房价"。

在这种情况下，如果我们不加区分地将所有样本适用于同一个 hedonic 回归方程的设定，包括同样的住房特征（physical characteristics）作为解释变量，那么我们实际上“抛弃”了那些有“变量缺失”情况的观测值，从而“损失”了有效的样本容量。另外，如果我们在解释变量集合中删除那些缺失较多的变量，虽然能够最大程度上保存有效样本，但是也会损失有用的信息，这使得我们对于两个“隐含价格”的估计产生较大的误差。

针对这一问题，我们的解决办法是，估计多个 hedonic 模型，每个模型包括不同的解释变量组合，最终根据每个观测值（住房）变量缺失的情况，来决定适用于哪一个模型。比如根据表 5.2 中住房特征变量的情况，我们设定了如下几种 hedonic 模型形式，模型 1 是最完整的设定，与模型 1 相比，模型 2 缺失了小区容积率和绿化率两个变量，而模型 3 则缺失了装修程度。

模型 1：

$$X_i = \{d2center, d2subway, Far, green, unitsize, bedroom, decoration\}$$

模型 2：

$$X_i = \{d2center, d2subway, unitsize, bedroom, decoration\}$$

模型 3：

$$X_i = \{d2center, d2subway, Far, green, unitsize, bedroom\}$$

在表 5.3 中，我们给出了样本观测值在不同模型下的分布。

表 5.3　　变量缺失情况

模型分类	观察值	占比（%）
模型 1	206697	58.45
模型 2	37426	10.58
模型 3	109503	30.97

三、社区（或街道）购—租比指数

我们还需要回答一个问题：在什么样的地理范围上构建我们的"购—租比"指数？单个住房的购—租比当然意义不大，因为我们估算的"隐含价格"对单个观察值而言存在较大的误差。但是，在更大的地理范围上，比如国家、城市范围内构建的"购—租比"指数，又必然会具有我们在第一节中所介绍的几个缺陷。在本章的研究中，我们将在"社区（或街道）"层面上构建我们的"购—租比"指数。这一地理范围既"足够大"，因此在所有观察期都能有足够的观测值，从而抵消单套住房购—租比存在的误差，又"足够小"，从而保证每个观测值（住房）具有足够的相似性，尤其是包括相同的不可观测特征。表 5.4 列出了 2005—2010 年样本中"社区（或街道）"层面上的交易记录数量分布。

表 5.4　　交易记录分布（社区/街道）

年份	交易性质	P25	median	P75
2005	出租住房数	1	15.5	110
	二手房交易数	0	2	14
2006	出租住房数	1	36	231
	二手房交易数	0	5	30
2007	出租住房数	2	53	310
	二手房交易数	1	13	69
2008	出租住房数	2	67	363
	二手房交易数	0	8	40
2009	出租住房数	2	72.5	403
	二手房交易数	1	28	123
2010	出租住房数	3	101	437
	二手房交易数	1	19	87

确定了在社区（或街道）层面构建“购—租比”指数之后，我们借鉴希尔和赛义德（hill & Syed，2015）的方法，采用如下方程计算社区（或街道）购—租比：

$$Med(P/R)_{complex} = Med[P/R(sold), P/R(rental)] \quad (5.9)$$

方程（5.9）的含义是，我们将每个社区（或街道）内单套住房的“购—租比”进行排列，然后选取其中的中值作为其“购—租比”指数。此外，为了保证指数的代表性，我们删除了样本中年度交易记录小于15的社区（或街道），最终保留了150～180个左右的社区（或街道）。

我们在图5.1中绘制出社区（或街道）“购—租比”指数在每一个样本年度的分布情况。从图中我们可以非常清晰地观察到，北京市的社区（或街道）“购—租比”指数在2005—2010年间经历了一个明显的增加过程，不仅均值明显出现右移，而且分布的右侧拖尾（“购—租比”超过50的社区（或街道））在分布的占比越来越大。这反映出样本期内，与租金相比，北京市的二手房出售价格经历了一个明显的快速增长过程。

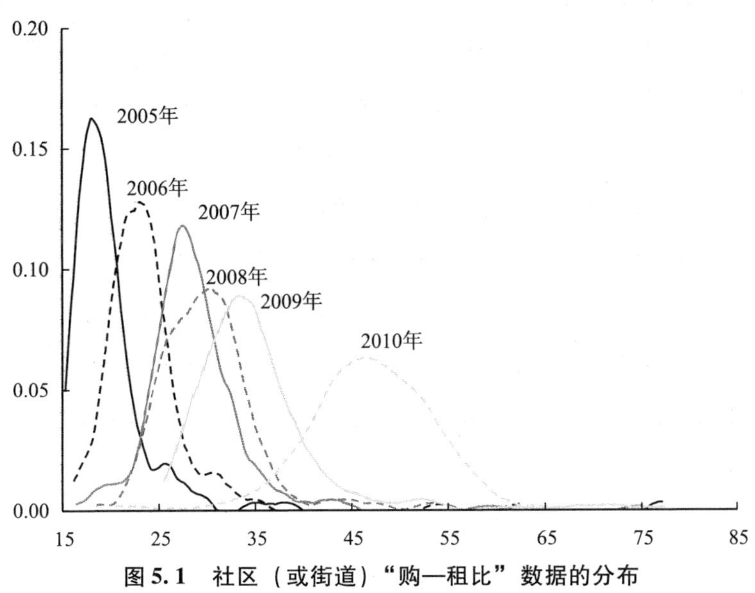

图5.1　社区（或街道）“购—租比”数据的分布

第三节 利用"购—租比"预测房价增长率

在计算完社区（街道）层面上的"购—租比"指数之后，我们关心的一个问题是，这些指数能否对当地（local）住房价格的未来增长具有预测力，这也是我们将"购—租比"指数作为判断当地住房水平是否处于合理区间，甚至是否存在泡沫的前提条件。除了"购—租比"之外，兰德沃伊德等（Landvoigt et al.，2015）在他们对美国圣迭戈房地产市场的考察中发现，社区（neighborhood）或街道层面房价的水平值对未来一期（或多期）房价的增速有显著的预测力，并且在住房市场的繁荣期和衰退期具有不同的预测方向，因此我们在预测模型里也加入了房价的（对数）水平值。

当检验"购—租比"对房价增长的预测力时，我们遇到了一个棘手的困难：我们并没有重复交易房屋的样本，或者即使我们的样本中确实有住房进行了多次交易，也没有办法将它们筛选出来。同时，又必须控制住房质量的变化，否则回归得到的结果反映的可能是每一年交易二手房质量方面的变化，而非"购—租比"的预测能力。为了尽量减少这个问题的影响，我们采用微观计量中的"倾向得分匹配（Propensity Score Matching）"的方法，来匹配 t 年和 t+1 年交易的二手房的质量。具体而言，我们选用 t 年和 t+1 年交易的二手房样本，然后估计一个 probit 概率模型。估计式中 $X_{i,year}$ 包括二手房的一系列可观测特征，以及这些特征变量的高阶项，对于被解释变量，如果交易发生在 t 年，$Trans_i = 1$，否则 $Trans_i = 0$。

$$Trans_i = X_{i,year} \cdot \beta + u$$

$$Trans_i = \begin{cases} 1 & \text{if year} = t \\ 0 & \text{if year} = t+1 \end{cases} \tag{5.10}$$

然后我们就可以在计量模型中估计每套二手房的交易概率 Prob($Trans_i = 1$)，即倾向匹配得分，再通过匹配得分最近的 t 期交易和 t+1 期交易（最近邻匹配），来获得一对质量最接近的，分别在 t 和 t+1 交易的二手房，从而保证了样本中二手房质量的稳定性。但是直接采用典型的 PSM 方法存在另外的问题，匹配后的两套二手房很可能不在一个社区（或街道）中，甚至在地理上距离很远（比如一套在海淀区，一套在通州区），这使得我们无法确保两套住房具有同样的不可观测特征，而这些特征恰恰是由住房所在的社区（或街道）所决定的。因此，我们改进了一般的 PSM 匹配方法，将匹配的范围限定在同一社区（或街道）内，这样就确保了匹配的二手房在可观测特征方面的相似性，以及在不可观测特征方面的一致性。

在获得“质量一致”的二手房交易样本后，我们就可以估计如下计量方程：

$$\Delta\log(hp_{i,t+1}) = \beta_0 + \beta_1 \cdot \log(hp_{i,t}) + \beta_2 \cdot PR_{tract} + u_{it} \qquad (5.11)$$

其中 $\log(hp_t)$ 代表第 t 年交易的二手房单位房价的对数，$\Delta\log(hp_{t+1})$①代表 t+1 期匹配二手房单价相对 t 期住房的对数增长率，PR_{tract}代表二手房对应社区（或街道）的“购—租比”指数。

表 5.5 中报告了采用 PSM 方法匹配样本，社区（或街道）“购—租比”对未来一年房价的预测结果。我们发现，除了 2005—2006 年的样本外，“购—租比”指数对下一期房价的增长率具有显著的预测力（1% 水平上显著），并且方向为负，也就是当期社区（或街道）“购—租比”指数水平越高的住房，在其他条件不变的条件下，下一期房价增速（或住房资本收益）越低。同时，当期房价的（对数）水平值也同样具有显著的负向预测能力，我们可以这样理解，在样本期内，初始价格越低的住房增值越

① $\Delta\log(hp_{t+1}) = \log(hp_{t+1}) - \log(hp_t)$。

第六章

地方政府、融资平台与土地出让

第一节 引言

从1994年的“分税制”改革开始，地方政府的高负债问题就日益成为各界关注的热点，一方面是地方政府“财权”和“事权”不匹配所导致的预算内财政入不敷出，另一方面是长期以来基于GDP增长指标的晋升考核机制所引发的地方政府官员对固定资产投资的狂热追求（周黎安，2007）。此消彼长下，地方政府的财政缺口越来越大：根据赵文哲、杨继东（2015）的计算，2003年到2009年，地级市地方政府的财政缺口占该城市财政收入的比例从1.24升高到1.66，财政缺口占该市GDP的比例从5%升高到8%。如此大的财政缺口几乎导致地方政府的“高负债”，不过与定义良好的“财政缺口”相比，地方政府真实的负债水平仍然比较模糊。根据国家审计署2011年的审计报告，市级政府债务余额占三级地方政府债务的比重为43.51%，总额已达46632.06亿元，其中政府负有偿还责任的比例超过60%，而这一数字在2013年上涨到48434.61亿元。根据中国社科院《中国国家资产负债表2013》所引用的银监会统计数据，如果将政府提供非正式担保的债务计算在内，地方债务余额已突破9万亿元。从跨国数据来看，如果以政府负债与地方GDP衡量，2014年美国债务水平最高的三个州分别是纽约（26.53%）、罗德岛（23.22%）和肯塔基（22.42%），而中国这一指标高达40%。根据2013年IMF的一份研究报告，[①] 中国有近20个省（自治区、直辖市）的政府负债水平超过了发生债务危机的希腊、西班牙和意大利欧洲三国。这些证据都显示中国地方政府的债务比例已经上升到一个危险的水平。

过去十多年间，在地方政府财政领域另一个引人关注的现象是所谓的“土地财政”（陶然，2007）：地方政府高度依赖于土地出让金收入来弥补预算内收入的不足，据统计，2004—2011年，全国“招拍挂”土地出让收入相当于同期地方政府预算内收入的50.9%，这一比例在2010年和2011年都超过了60%。如果我们将以上两个现象放在一起分析，有理由认为，地方政府有很强的动机用土地出让收入来弥补预算内的财政缺口，或者支持其高企的负债，事实上，在中国现在还缺乏一个发展良好的地方政府债券市场的条件下，土地出让收入几乎是政府为数不多的可信的偿债来源之一（郑思齐等，2014）。正因为如此，2013年之后，房地产市场的调整对土地市场造成负面冲击时，人们不由得开始怀疑地方政府的偿债能力，甚至开始讨论中国是否会出现地方政府的债务危机。[②]

在学术界，已经有很多研究开始关注地方政府的财政缺口与其土地出让行为、房地产市场之间可能存在的关系。吴等（Wu et al.，2014）首先建立了一个包括土地市场和住房市场的简单模型，随后通过对35个主要城市的面板数据的实证分析，他们认为较高的政府赤字会推高土地价格，但对住房价格没有显著影响。潘等（Pan et al.，2015）运用“面板平稳转移估计方法”（Panel Smooth Transaction Estimation）对35个主要城市的面板数据进行了研究，发现只有在那些处于高预算赤字区间[③]的城市，土地出让金收入

① Lu，Yinqiu，Sun，Tao. Local Government Financing Platforms in China：A Fortune or Misfortune?［R］. IMF Working Paper，2013.

② The great hole of China［EB/OL］.（2014－10－18）［2018－10－13］. https：//www.economist.com/leaders/2014/10/18/the－great－hole－of－china.

③ 定义为财政赤字与GDP之比大于14.62%。

才会对当地商业地产销售额产生正向影响。赵文哲、杨继东（2015）是少有的集中关注赤字与土地出让行为的中文研究，他们同样利用城市面板数据，研究发现："当面临较高的财政缺口压力时，地方政府会以较低的价格向国有企业增加出让土地，尤其是在经济增长下滑阶段、地方政府利用财政政策刺激经济的时候，财政缺口增加导致国有企业比重高的城市协议土地出让比例更高。"弋代春、樊纲治（2015）采用匹配的微观数据研究了影响融资平台购地的一些因素，包括固定资产投资规模、地方政府对土地财政的依赖等。

纵观现有研究，我们可以发现，尽管侧重点不尽相同，但大部分研究都认为地方政府的财政缺口（或财政压力[①]）对地方政府的土地出让行为（数量、价格）具有正向的影响。但现有的研究仍然存在几个突出的问题：首先，这些研究主要依赖于从各种统计年鉴上获取的宏观统计数据，给实证部分的因果关系识别带来了困难，比如赵文哲、杨继东（2015）文中假定协议出让形式对应于工业用地出让，并从工业企业数据库中计算出样本城市对应的国有企业比例，但是，由于实际上没有与每一笔土地出让信息相匹配，因此这只能是一种"最好的猜测"。其次，几乎所有的相关文献都是直接利用当年城市实际土地出让总额或面积作为被解释变量，然而土地市场是一个双边市场，其成交结果既取决于地方政府的供地决策，也受到开发商"拿地"意愿的左右。事实上，根据国土资源部的数据，从 2010 年到 2013 年，地方政府实现的供地量均小于计划供地量，[②]而 2012 年之后，地方政府"招拍挂"出让中"流拍"频现。[③] 考虑到这种情况，开发商实际购买的土地很可能低于政府希望出让的土地量，因此现有研究中的实际出让量可能并不是政府土地出让意愿的良好测度。最后，简单地用地方政府财政压力的指标对土地出让变量做回归可能面临内

① 注意，我们在下文中会根据语境不加区分地交替使用"财政压力"和"财政缺口"两个名词。

② "土地财政收入或大幅下跌　地方政府或被迫放松限购"，彭文生，《华尔街见闻》，2014 年 5 月 12 日。

③ 据《财新网》报道，2012 年上半年，全国房地产地块出让流拍 1882 宗，其中沈阳市有 115 个地块流拍，约占当期拍卖地块总数的 1/3。而到了 2014 年，即使在北京这样的一线城市，也出现了"准地王"地块（孙河地块）遭遇流拍的情况。

生性的问题，具体而言，可能存在某种不可观测的变量[①]同时对政府财政状况和土地市场产生影响，从而导致虚假的因果推断。

为了解决现有研究中存在的问题，本章在数据、理论和实证分析方面都具有一些创新之处。首先，在数据方面。我们采用一个时间跨度从2000—2013年，包括超过100万笔土地交易的微观数据库，数据库中包括土地交易的详细信息，其中就包括土地的购买者信息，这使得我们能够明确地识别出购地主体的性质。根据一些研究，不同性质的购地主体的购买行为存在明显的差异，如邓永恒等（Deng et al.，2015）发现，2008年政府出台的大规模经济刺激计划导致了大量的国有性质企业的“溢价”购地行为，这推高了各地住房用地价格，并导致了房价的快速增长。本章中，我们将银监会公布的地方政府融资平台信息名单与土地出让人信息相匹配，从而识别出购地主体中哪些是与政府关系密切的融资平台公司。其次，在理论方面。我们提出了一个“地方政府→融资平台→土地市场（→金融机构）”的财政融资传导机制，在这一机制下，地方政府不仅是“城市土地垄断性的供给者”（Wu et al.，2014），还是土地市场“积极的购买方”（通过融资平台）。据我们所知，这一现象，还没有在现有文献中受到太多关注。然而，我们的目的不仅是提出该机制，更重要的是，此部分由融资平台所参与的经营性土地交易，往往更加直接地反映地方政府对土地市场的干预意图。[②] 我们将集中分析地方政府财政压力与这部分土地出让数量的关系，同时还会比较其与其他土地出让的不同之处。最后，在实证分析方面。我们借鉴阿吉翁内等（Aghion et al.，2012）的研究，利用过去十多年中国房地产市场的周期波动，来帮助识别财政压力与土地出让行为的关系，从而很大程度上避免了内生性的问题。[③]

① 可以理解为一种特异性的城市层面的冲击（idiosyncratic shocks in city level）。

② 任伟（2014）曾经总结地方政府融资平台具有“六政现象”：政府出资成立，政府出人管理，政府区域经营，政府项目为主，政府隐性担保和政府地财还款。

③ 至少对于本章研究的地方政府而言，房地产周期很大程度上是外生的，这表现为：地方政府无法控制基准利率水平，无法影响（往往由中央政府制定的）房地产宏观调控政策，等等。

通过实证分析我们发现，高财政压力城市的地方政府融资平台的购地频率呈现逆周期特征，即在房地产市场处于下行周期时相对频繁地进入土地市场购地，而财政压力较小城市的融资平台的购地频率并未明显地受到房地产市场周期的影响。同时，在购地平台支付的出让金份额占城市总出让金比例方面，财政压力较低的城市呈现出"逆周期性"，而那些财政压力较高的城市呈现出"顺周期性"。我们认为，这可能反映了融资平台在购买土地时所面临的融资约束。

本章其余部分的结构安排如下，第二节描述了地方政府融资平台（LGFV）的两种主要运作机制，并分析了其参与土地市场的动机，借此提出我们的理论假设。第三节主要介绍实证分析中样本和变量的选取，以及计量模型的构建。第四节主要报告实证分析结果并对结果做相应的解释。第五节是结论和政策建议。

第二节 运作机制

正如引言部分所述，多种原因造成了地方政府长期性的财政缺口，但与此同时，《中华人民共和国预算法》明确禁止地方政府直接向金融机构举债，而中国又不存在一个发展完善的政府债券市场。因此，地方政府亟须通过一个中介机构进入金融市场进行融资。在这种背景下，名称各异的地方政府融资平台（local government financing vehicle，LGFV）应运而生。[①] 融资平台实现高速扩张的机遇来自2008年中央政府为应对国际金融危机而实行的大规模财政刺激计划，尽管中央政府为地方的基础设施建设提供了大量的资金支持，但是地方政府仍然需要为这些项目进行"资金配

① 在20世纪90年代，各地的"信托投资公司"（或称"窗口公司"）为政府履行类似的任务，但当其中部分公司的经营遭遇困难（最典型的是广东国际信托投资公司破产事件），并对宏观经济的稳定造成威胁的时候，中央政府坚决地关闭了这些机构，在某种意义上，融资平台是这些窗口公司的重生（Lu and Su，2013）。

套”，各地的融资平台当仁不让地承担了为这些项目融资的任务。据统计，截至2009年年中，全国范围内，省级、市级乃至区县级地方政府已经至少成立了3800家融资平台公司（Meng，2009），而根据我们所掌握的银监会的融资平台名单，这一数字在2014年已超过10000家。在债务规模方面，根据2011年审计署发布的审计报告，各类融资平台负担债务为49710亿元，在全部政府债务中占比高达46.38%，而在2013年的审计报告中，融资平台债务为40755亿元，占比为37%，两次审计报告的结果都显示，地方政府融资平台公司是当前地方政府债务最重要的融资主体。

那么，这些融资平台实际上是如何运作的呢？我们在图6.1中描述出两种运作机制。第一种机制（同时也是学术界讨论最多的）中，处于图中左上方的地方政府通过向刚设立的融资平台注入资产（通常包括基础设施所有权、一部分土地使用权），使得融资平台满足初始的资本要求。随后地方政府融资平台开始从图中右侧的各类金融机构和市场（银行、信托公司和债券市场）上借入资金，用来支持基础设施投资。与第一种机制略有不同的是，第二种运作机制更加复杂：融资平台在土地市场（见图6.1左侧）上购买土地使用权，并向地方政府支付土地出让金，而这部分出让

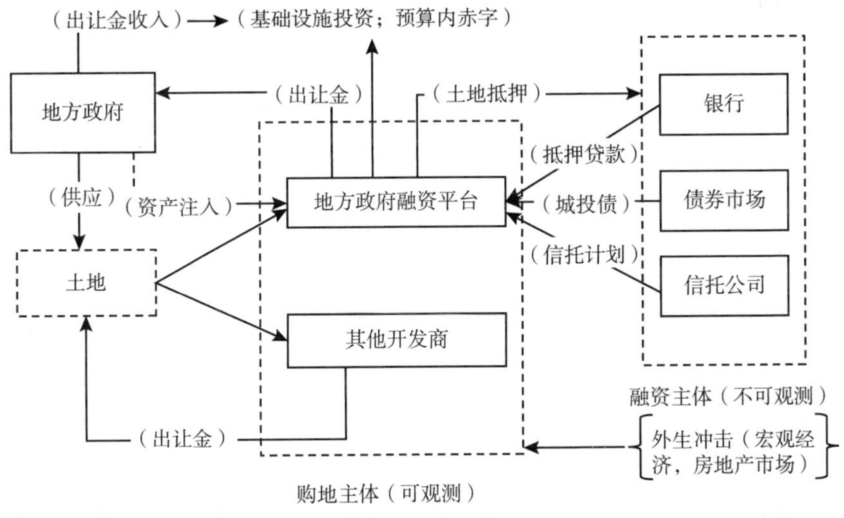

图6.1　融资平台作用机制

金，通常是通过向金融机构融资而得到的，其抵押物往往是之前购买的土地。我们可以看出，通过这样的操作，地方政府可以直接获得资金来填补预算内的赤字。

与第一种运作机制相比，第二种运作机制在理论界受到的关注还比较少。这是因为当房地产市场繁荣时，地方政府通过向一般的房地产开发商（图中记为"其他开发商"）出售土地就可以获得足够的土地出让金收入，然而在房地产市场步入调整周期后，这一情况就会出现变化。对于一般的开发商而言，由于购买土地花费巨大，并且建设周期一般较长，开发商在做出购地决策时一般会慎重地权衡项目的成本收益状况。当整个房地产市场处于下行周期时，房地产开发盈利前景出现更多不确定性，因此会减少购地行为，这无疑会使作为地方政府重要收入来源的土地出让金收入下降。但政府面临的财政压力、增长激励以及前期开始的基建项目都需要土地收入作为补充，使得地方政府有动机采取措施来"发掘"新的土地出让金来源，一种可能的解决方式就是让地方政府融资平台直接"入市拿地"。根据张智威等（2015）对部分省、市情况的调研，2014 年，地方政府融资平台购买土地成交额占江苏省出让土地总价的 44%、浙江省的 28%、湖北省的 28%，以及云南省的 28%，这在各地土地市场趋于冷淡，地方政府土地出让金收入出现滑坡的背景下十分引人注目。然而，这些购买商住用地的融资平台大多缺乏开发房地产项目的能力和资质，购买的土地大多只能再次转让，甚至闲置，因而无法形成现金流来支撑为购地而借入的资金。我们可以认为，这些"账面"上的土地交易背后实际上蕴含着大量的地方政府债务风险。

我们在图 6.2 中展示了从 2006 年到 2013 年，融资平台参与土地市场的情况。[①] 我们可以清晰地看出，从 2008 年到 2011 年，各地融资平台购地数和所购地额都经历了高速的增长，但是自 2011 年，中央政府开始意

① 图 6.2 有关融资平台购地次数和交易额的信息，来自于作者对微观土地交易样本的计算，具体见本章第三节中的样本描述。

识到融资平台所带来的地方政府债务风险，2011 年上半年，银监会出台通知，要求所有银行对平台贷款客户实行"名单制"管理，银行不得向名单以外融资平台发放贷款。2012 年 12 月，四部门下发了《关于制止地方政府违法违规融资行为的通知》，明确限制地方政府融资平台用土地作为抵押向银行贷款，显然这将严重影响融资平台在地方土地市场上的"购买力"。我们在图中也观察到了类似的趋势：尽管购地额保持稳定，但进入土地市场的融资平台数量却出现了明显的下降。

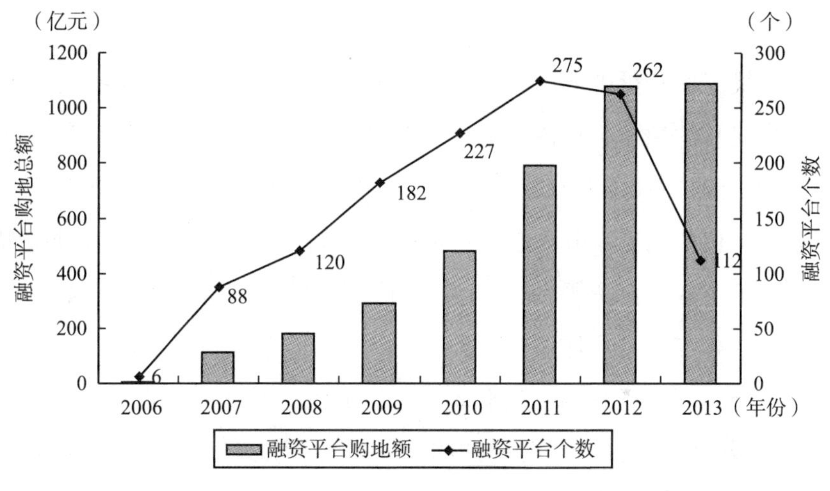

图 6.2　融资平台购地情况

资料来源：作者根据匹配后的土地交易数据计算。

如果第二类运作机制成立的话，我们在数据中将观察到，当房地产市场处于"调整"周期时，那些财政压力较大的地方政府所控制的融资平台会购买更多的土地，从而为地方财政"输血"，即其购地行为可能表现出"逆周期性"。

当然，在以上分析中，我们并没有考虑金融市场上存在的摩擦，实际的情况可能更加复杂，比如，当处于房地产市场下行周期时，金融机构或金融市场上的投资者是否会减少对融资平台的资金支持？这又会对其在土地市场上的行为产生怎样的影响？在第四节的实证分析中，我们也将会对这一问题进行讨论。

第三节 样本与计量模型

一、样本描述

我们在实证分析中采用的是一个时间从2000年到2013年，包括100万笔地块交易的独特数据库。数据库中提供了有关出让地块特征和出让方式的若干详细信息，如面积、用途、交易方式、成交价款等，但是对于我们来说最有价值的是，其中包含了购地主体的名称，这时我们可以将银监会制定的地方政府融资平台公司名单与购地主体信息相匹配，[①] 如果名单上的平台名称与购地主体名称匹配成功，就认为该平台参与了土地出让交易，在整个样本中，我们发现有25924笔由融资平台参与的土地交易。

融资平台的购地信息为我们提供了一个了解地方政府土地财政状况的良好的指标，但本章的研究兴趣主要集中在地方政府财政压力、商业周期与土地财政的关系，因此我们最好在城市层面上进行研究，这也使得我们能够控制城市特征。为此，我们利用现有的微观交易数据，通过对单笔交易信息（交易次数、面积、出让金总额）加总，构建了一个城市层面的面板数据，包括279个地级及以上城市，同时借鉴已有关于地方政府财政和地方政府土地出让行为的文献，从统计年鉴中加入了详细的城市特征信息。

① 2011年4月，银监会下发通知，要求所有银行对平台贷款客户实行"名单制"管理，银行不得向名单以外融资平台发放贷款。我们采用的地方政府融资平台名单就是银监会下发的2014年的平台名单，包括超过10000家融资平台公司。

我们在本章的研究中只考虑商业服务或居住用地。之所以这样选取样本，是基于如下两点考虑：首先，商服和居住用地出让是政府最主要的土地出让金收入来源，如图 6.3 所示。尽管这两类用地的出让面积只占到土地出让总面积的 40%，却贡献了超过 80% 的出让金，这对于亟须用土地收入补充财政缺口的地方政府来说是至关重要的，而地方政府如果希望“通过融资平台购地”的方式来补充土地出让金收入的话，这两类土地当然是最有可能的选择。其次，从 2002 年开始，国务院规定所有商业服务和居住用地的出让必须以公开招标的形式进行，这样就杜绝了我们的样本中包含地方政府以“零出让金”将土地注入融资平台的情况。这样的样本选取方式保证了我们在实证分析中得到的结果是真实可信的。

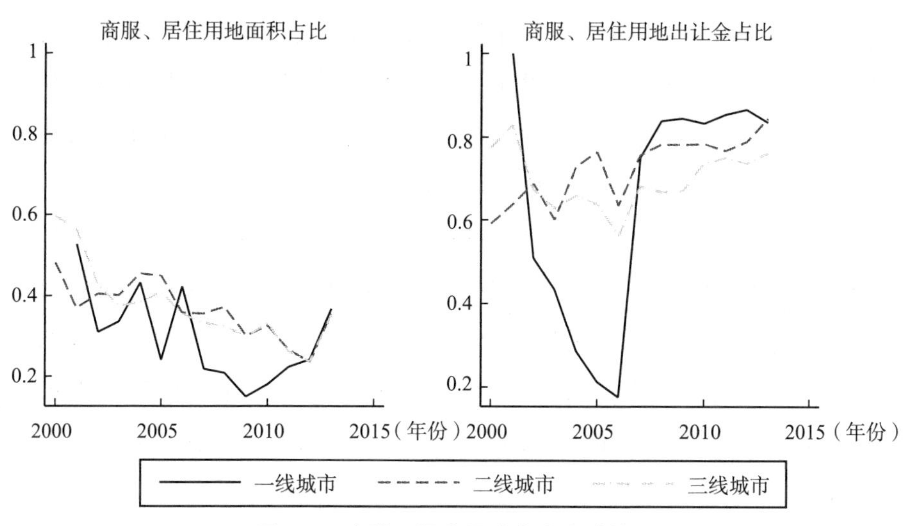

图 6.3　商服、居住用地占比变动情况

资料来源：作者根据土地交易数据库数据计算。

二、变量构建

在本节中，我们将详细描述下文实证分析中要用到的变量。

为了研究地方政府财政压力对其土地出让，尤其是由受其控制的融资平台所实现的那部分“意愿”土地出让的影响，我们在实证分析部分定义了3个主要的被解释变量：融资平台相对购地次数（$freq_{i,t}$），由融资平台完成的购地额（$volume_{i,t}$），融资平台购地额占城市总土地出让金比例（$share_{i,t}$）。3个变量都定义在城市层面。

本研究最感兴趣的解释变量是政府的财政压力，外生的商业周期以及它们的交互项。首先，采用主流文献的做法，用政府预算赤字与预算收入之比，或称为“赤字比”，来衡量地方政府所面临的财政压力。然而，正如在引言部分所提及的，地方政府的财政压力可能受到之前政府土地出让行为的影响，或者与土地出让行为同时受到不可观测因素的影响，从而导致内生性的问题。为了解决这一问题，本书采用样本期内政府赤字比的平均值而非当期值。在回归方程（6.1）中还包括财政赤字比与周期变量的交互项，然而，如果两个变量都采用其水平值，将很难解释回归系数所蕴含的经济学意义，因此，将按照平均财政赤字的四分位点将样本城市分为四类，[①] 并建立4个虚拟变量（quar_j，j=1，2，3，4），比如，当某一城市的财政赤字比落在25%和50%分位点之间时，quar_2取值为1，否则为0。其次，还需要有关商业周期的指标。这里所指的商业周期既包括传统意义上的经济增长周期，也包括与土地市场联系更紧密的房地产市场的周期波动，本书采用各个城市年度地方生产总值的对数增长率（$gdp\_growth_{i,t}$）来衡量经济周期，同时采用各城市商品房（包括商业不动产和住宅）实际销售面积的对数增长率（$floor\_growth_{i,t}$）来衡量当地房地产周期。[②]

此外，还需要在回归分析中控制一系列的城市特征，包括：城市人口

① 本书也考虑过采用类似汉森（1999）的门限面板数据估计方法来内生地决定区间“断点”的位置，但是汉森的方法要求面板数据必须是平衡的（balanced），这将使数据损失相当部分的样本，所以没有采用这一方法。

② 定义为$\log(1+floor_{i,t})-\log(1+floor_{i,t-1})$，其中$floor_{i,t}$代表城市当年商品房销售面积。之所以采用销售面积而不是销售额作为衡量房地产周期的指标，是因为房价作为一种“资产价格”会受到很多短期冲击的影响，从而使之背离供需的基本面，而交易面积相对而言更能反映房地产市场供求的真实状况。

密度，人口增速，人均收入水平，固定资产投资占比，第三产业占比，FDI占比，道路里程等。通过在回归中加入这些变量，我们能够控制城市的房地产需求状况（人口密度、人口增长和收入水平），城市的固定资产需求，以及经济结构（第三产业占比、FDI占比）。

表6.1中给出了所有变量的描述性统计。

表6.1 变量描述性统计

变量	均值	标准差	最小值	最大值	含义
freq	6.34	19.47	0	262	LGFV购地次数
volume	8.29	3.31	0	14	LGFV购地额对数值（万元）
share	0.08	0.12	0	0.94	LGFV购地额占总出让金之比
Δfloor	0.01	0.79	-4.59	3.26	商品房销售面积对数增长率
Δgdp	0.12	0.07	-0.31	1.46	城市GDP对数增长率
deficit_ratio	1.08	1.22	-1	20.03	城市财政赤字比财政收入
avg_deficit	1.11	1.27	-0.096	8.91	样本期城市平均财政赤字比
fditogdp	0.015	0.022	0	0.42	FDI占GDP之比
log_inc	9.46	0.6	6.91	12.01	城镇居民可支配收入对数值
log_dens	6.56	0.95	2.56	9.545	城市常住人口密度对数
pop_growth	0	0.15	-1.64	1.55	城市常住人口增长率
log_road	6.67	0.96	2.64	9.69	城市实有道路面积（万平方米）
third_indus	0.36	0.084	0.09	0.77	第三产业占GDP之比

三、基本计量模型

为了分析融资平台与政府财政压力和经济周期之间的相互关系，我们建立了如下固定效应面板计量模型。①

① 显然，在估计面板数据模型的时候，固定效应是比随机效应更“保守”的一种设定（因为固定效应模型依赖于更少的假设）。为了使本章的结论更加稳健，我们直接采用固定效应模型，而不考虑随机效应模型（也就无须进行hausman检验）。感谢一位评论者指出这一点。

$$dv_{it} = \alpha + \beta_1 \cdot cyc_{it} + \beta_2 \cdot deficit_{it-1} + \beta_3 cyc_{it} \cdot deficit_{it-1} + \sum_{j=1}^{n} \beta_j \cdot control_{i,t} + c_i + \varepsilon_{i,t} \qquad (6.1)$$

其中 dv_{it}代表我们感兴趣的被解释变量，包括交易次数、总交易额等；cyc_{it}代表商业周期，包括经济周期和房地产市场周期，我们一般用当地GDP或商品房屋销售量的同比增长水平来加以衡量；$deficit_{it-1}$是衡量地方政府财政缺口（或者财政压力）的指标，我们还加入了周期变量与财政缺口变量的交互项 $cyc_{it} \cdot deficit_{it-1}$；$control_{i,t}$代表一系列城市层面的控制变量；$c_i$ 代表城市固定效应，$\varepsilon_{i,t}$代表估计残差。根据第二节中的分析，我们预测财政压力较大城市的融资平台的购地行为呈现"逆周期性"，即交互项的系数 β_3 符号为负。

同时，为了分析购地主体性质（是否是融资平台）对土地交易特征的影响，我们还设定了如下混合效应（Pooled）面板计量模型：

$$Charcter_{i,t} = \alpha + \delta_1 LGFV_{i,t} + \sum_{j=1}^{n} \delta_j \cdot control_{i,t}^{j} + c_i + year_t + \varepsilon_{i,t} \qquad (6.2)$$

其中 $Charcter_{i,t}$代表一系列我们感兴趣的地块交易结果，包括地块单价、面积以及地块的区位；$LGFV_{i,t}$是一个虚拟变量，当土地买方属于地方政府融资平台公司（LGFV）时取值为1，否则为0；$control_{i,t}^{j}$作为一系列的控制变量，包括地块和交易本身的详细特征，包括土地用途、出让类型、使用权年限及出让方式。c_i 代表城市虚拟变量，$year_t$ 代表年份虚拟变量。

第四节 实证结果

一、实证结果

本节我们开始分析计量模型（6.1）、（6.2）的回归结果。首先，我们关注购地主体性质对土地交易特征的影响，模型（6.2）的回归结果报告在表6.2中，我们最关心的解释变量是关于购地主体性质的虚拟变量LGFV，并且在回归中控制城市与时间（年份）固定效应。表6.2第（1）列对应的被解释变量是全样本下的单位成交地价。我们可以发现，融资平台购地支付的平均地价明显低于其他开发商，然而这一回归结果是有问题的。正如我们在样本描述中看到的，融资平台受让土地很多是通过划拨的形式，在这种情况下，融资平台不需要支付土地出让金，这很可能会拉低其支付的出让金总额以及单位地价。我们在第2列中将地块样本限定为“以竞争性方式（招标、挂牌、拍卖）出让的商业、住宅用地”，回归结果表明，融资平台在我们最关心的那部分土地交易中并没有以显著较低的价格拿地。这一结果证明我们在样本描述部分所采用的样本筛选方法是合理的。

表6.2第（1）~（2）列还报告了两个我们最关心的土地特征对地块单价的影响：交易地块的夜间灯光亮度[①]以及地块的面积。从回归结果中可以看出，区位越好的地块的单价越高，而在竞争性的商服、住宅地块交易中，面积较大的地块的单价相对较低，这可能反映了如下事实：距离城市中心区越近，可供出让的土地面积越少。在第（3）列和第（4）列，我们分别将夜间灯光强度和地块面积作为被解释变量，从估计结果中可以发现，虚拟变量LGFV符号显著为正，这似乎表明融资平台更倾向于购买那些面积更大、区位更好的地块。其他没有显示的控制变量符号都符合预期。

现在让我们将关注的重点转移到城市层面上，利用我们构建的城市面板模型，来检验地方政府财政压力与融资平台购地代表的政府土地出让行为之间的关系。根据第二节对融资平台运作机制的分析，我们预测，在不考虑金融市场摩擦的条件下，那些财政压力较大的地方政府所控制的融资平台的购地行为可能表现出“逆周期性”。我们在表6.3中报告了计量模

① 本书用这个变量度量地块的区位优劣。

表 6.2　　地块特征

	(1) 单位地价	(2) 单位地价	(3) 地块面积	(4) 夜间灯光亮度
融资平台购地	-0.329*** (0.097)	0.0628 (0.06)	0.401*** (0.051)	2.523*** (0.812)
灯光亮度	0.0176*** (0.002)	0.0250*** (0.001)		
地块面积	0.158*** (0.031)	-0.108*** (0.015)		
地块特征	控制	控制	控制	控制
城市固定效应	控制	控制	控制	控制
年度固定效应	控制	控制	控制	控制
N	154958	80819	142271	127878
adj. R^2	0.305	0.495	0.289	0.428

注：第（1）列对应的是样本中所有类型的土地交易，第（2）~（4）列对应的是以竞争性方式（招标、挂牌、拍卖）出让的商业、住宅用地。所有回归采用的是城市聚类稳健型标准差（city-cluster robust standard error）；***、**、*分别代表1%、5%和10%的显著性水平。

型（6.1）的估计结果，其中第（1）~（3）列的被解释变量为"融资平台购地的相对频率"，即选取的样本中某城市融资平台购地次数比总购地次数，在第（1）列中，我们只加入了房地产周期指标（商品房销售面积的增长率 $\Delta floor_t$），回归结果显示，融资平台相对购地频率、房地产周期之间似乎不存在显著关系；随后，我们在模型中加入了城市地方政府平均赤字比与房地产周期指标的交互项 $\Delta floor_t \cdot quar2 - \Delta floor_t \cdot quar4$，[①] 估计结果报告在第（2）列。我们观察到，此时 $\Delta floor_t$ 在10%水平上显著为正，

① 回顾第三节，quar1 - quar4 是依据地方政府赤字水平百分位数构建的虚拟变量，为了避免多重共线性，估计过程中自动忽略 $\Delta floor_t \cdot quar1$。同时，由于我们采用的样本期平均赤字水平不是时变变量（time-varying），因此在固定效应的估计结果中没有报告。

这表示对于负债水平较低的城市，其政府融资平台的购地行为呈现出“顺周期性”，而与之形成对照的是，$\Delta floor_t \cdot quar2 - \Delta floor_t \cdot quar4$ 三个变量的系数均在 10% 的水平上为负，意味着对于那些政府财政压力较大的城市，融资平台的购地行为呈现出“逆周期性”，这与我们之前的理论预期相吻合。具体而言，当面临同等程度的房地产市场衰退时，平均财政赤字水平处于 25% ~50% 分位点上的城市融资平台的相对购地频率比财政赤字最低的那组城市的水平低 4%，而处于 50% ~75% 分位点的城市低 3%；同时值得注意的是，由于被解释变量“购地相对频率”在左侧（freq =0）存在截断（truncated）的情况，为了保证系数估计结果是一致的，我们采用霍诺尔（1992）提出的一种半参数估计方法，这种方法使得我们能在面板固定效应下估计 Tobit 模型，其估计结果报告在表 6. 3 的第（3）列中。我们发现系数的符号、数值和显著性水平都与第（2）列的结果十分接近，证明我们的估计是稳健的。

我们继续在表 6. 3 第（4）~（6）列中报告了将“融资平台”的相对购地额（share）作为被解释变量时的估计结果，模型的设定与被解释变量为“相对频率（freq）”时相类似。在第（4）列中，我们发现，在只包含房地产周期指标的情况下，融资平台的相对购地额并没有表现出明显的周期性。在第（5）~（6）列中我们进一步加入了赤字比与周期变量的交互项，此时，被解释变量表现出更多的“周期性”特征，但是与我们的预测相反，似乎财政压力较低的城市，其政府融资平台的购地份额呈现出“逆周期性”，而那些财政压力较高的城市的融资平台的购地份额呈现出“顺周期性”，具体的，当面对相同程度的房地产市场衰退，财政压力处于第 2、3、4 四分位点的城市的融资平台的相对购地份额分别比财政压力最小的一组城市高 8. 9%、4. 8% 和 7%。在考虑第（6）列数据截断的情况下，第 2 和第 4 四分位点城市的估计系数数值上升（都超过 10%），而第 3 四分位点的城市估计系数不再显著。

表 6.3　　财政压力与城市土地出让的周期性

变量	(1) freq	(2) freq	(3) freq	(4) share	(5) share	(6) share
$\Delta floor_t$	-0.00322 (0.00547)	0.0241* (0.0143)	0.0387** (0.0164)	-0.00302 (0.00892)	-0.0494*** (0.0135)	-0.0565** (0.0250)
$\Delta floor_t \times quar2$		-0.0413** (0.0180)	-0.0429* (0.0238)		0.0896*** (0.0238)	0.141*** (0.0523)
$\Delta floor_t \times quar3$		-0.0343** (0.0159)	-0.0590*** (0.0221)		0.0481*** (0.0185)	0.0611 (0.0393)
$\Delta floor_t \times quar4$		-0.0271 (0.0171)	-0.0124 (0.0233)		0.0774*** (0.0278)	0.116** (0.0543)
fditogdp	0.183 (0.650)	0.160 (0.650)	0.622 (0.454)	0.377 (0.391)	0.439 (0.400)	0.446 (0.682)
lag_fixtogdp	-0.00146 (0.0153)	-0.00334 (0.0153)	0.0264 (0.0177)	-0.00670 (0.0253)	-0.00423 (0.0262)	-0.0205 (0.0366)
log_inc	0.0141 (0.0197)	0.0134 (0.0198)	0.114** (0.0533)	-0.0251 (0.0776)	-0.0451 (0.0757)	0.0617* (0.0355)
log_dens	-0.00517 (0.0161)	-0.00481 (0.0161)	0.00281 (0.00735)	-0.0232 (0.0275)	-0.0155 (0.0279)	-0.0225 (0.0533)
pop_growth	0.0274 (0.0611)	0.0293 (0.0635)	0.0744 (0.103)	-0.0141 (0.0278)	-0.0252 (0.0335)	-0.0603 (0.0603)
log_road	0.0151 (0.0137)	0.0131 (0.0136)	0.0215** (0.00999)	-0.0295 (0.0180)	-0.0308* (0.0177)	-0.0481 (0.0347)
third_indus	-0.0420 (0.112)	-0.0491 (0.112)	-0.0425 (0.0750)	0.00698 (0.196)	0.0318 (0.197)	0.151 (0.284)
Constant	-0.123 (0.255)	-0.100 (0.255)	-1.302** (0.548)	0.697 (0.855)	0.844 (0.841)	
N	1471	1471	1471	710	710	710

续表

变量	(1) freq	(2) freq	(3) freq	(4) share	(5) share	(6) share
R^2	0.060	0.065		0.021	0.055	
城市数	260	260	260	216	216	260
city FE.	YES	YES	YES	YES	YES	YES
year FE.	YES	YES	YES	YES	YES	YES

注：第（1）~（3）列结果的被解释变量是融资平台购地的相对频率，第（4）~（6）列结果的被解释变量是融资平台购地额占所在城市当年总出让金收入的份额。第（3）和第（6）列采用的是霍诺尔（1992）的非参数固定效应估计方法。表中所有回归结果采用的是城市聚类稳健型标准差（city-cluster robust standard error）；*** 、** 、* 分别代表 1%、5% 和 10% 的显著性水平。

以上我们考虑的相对购地额（share）不仅与融资平台的实际购地额相关，也与其他类型开发商的购地额相关。尽管我们更关心的是融资平台购地占城市土地市场的相对比例，但是表 6.3 中第（4）~（6）列显示的估计结果与之前理论预测的不一致，使得我们有必要去具体分析土地市场上两种不同类型的开发商购地行为可能存在的差异。在表 6.4 中，我们明确区分了两类购地主体：融资平台（LGFV）和其他开发商（developer），考察地方政府不同的财政压力下，房地产周期对购地主体购地额的影响。① 我们可以从表 6.4 的回归结果中清晰地分辨出两类主体在土地市场上的不同特征：一般的开发商的购地行为具有明显的“顺周期”特征，这符合其以营利预期为导向的土地储备策略，第（1）列的估计结果显示，某一城市过去一年房地产销售面积的对数增长率增加 10%（等价的，水平增长率增加 4%）会导致开发商的购地额增加 1.8%，这一结果在

① 我们在表 6.4 的估计中添加了滞后一期的地方政府赤字比 deficit(t－1)，这使得我们能够在固定效应模型中观察赤字水平对购地额的影响，而之前为了避免内生性而使用的平均赤字率的系数，在估计中无法与固定效应相区分，因此在表 6.3 中未予报告。我们依旧在回归中控制了城市特征，但是出于节省篇幅的考虑，我们在表 6.4 中只报告了周期指标与交互项。

1%水平上显著，但是当我们在第（3）列中加入与财政赤字虚拟变量的交互项之后，所有变量都变得不再显著，这表明一般开发商的购地额与地方政府财政状况无关。与之形成鲜明对照的是，融资平台的购地额与房地产市场周期没有显著关系如第（4）列所示，而与地方政府财政状况有显著的关系，地方政府的债务压力越大，融资平台购地额越高如第（5）列所示。

表 6.4　　财政压力与土地出让额周期性：分购地主体

变量	(1) developer	(2) developer	(3) developer	(4) LGFV	(5) LGFV	(6) LGFV
$\Delta floor_t$	0.182*** (0.059)		0.285 (0.179)	-0.437 (0.448)		-1.129* (0.599)
deficit（t-1）		0.019 (0.04)			0.475** (0.218)	
$\Delta floor_t \times quar2$			-0.185 (0.191)			1.100 (0.833)
$\Delta floor_t \times quar3$			-0.160 (0.205)			2.025* (1.067)
$\Delta floor_t \times quar4$			-0.039 (0.197)			0.189 (1.206)
N	1606	1606	1606	748	748	748
R^2	0.467	0.483	0.468	0.111	0.120	0.119
城市数	260	258	260	217	216	217
城市固定效应	YES	YES	YES	YES	YES	YES
时间固定效应	YES	YES	YES	YES	YES	YES

注：表中所有回归结果采用的是城市聚类稳健型标准差（city-cluster robust standard error）；***、**、* 分别代表1%、5%和10%的显著性水平。

正如第二节所强调的，我们关于不同类型城市的融资平台参与土地市场行为的预测是有条件的，即不存在金融市场摩擦，融资平台在不同时期都能够以同样的成本向金融机构（银行）贷款和在金融市场上融资，这与现实情况有很大出入。就有关中国政府债券市场的现有研究而言，地方政府的财政状况会影响其融资成本，罗党论、佘国满（2015）发现地方政府官员的职务变动与地方政府的赤字水平都会对城投债的发行数与发行规模有负向影响，同时会增加发债成本（表现为债券收益率上升）；安布罗斯等（Ambrose et al.，2015）通过对城市房价增长与融资平台城投债发行关系的研究发现，那些房价增长更快的城市能够以更低的成本发行债券。如果我们结合这两方面的证据，可以做出如下推理：在房地产处于下行周期时，金融机构和金融市场在考虑向融资平台借款时会变得更加谨慎，因为机构和债券市场的投资者深知，地方政府最主要的财政来源就是土地出让收入。此时，那些财政压力较大的地方政府控制的融资平台，必须支付更高的成本才能获得资金，而这会直接限制其在土地市场上的购买力，从而使得其购地额呈现“顺周期”的特征。①

在实证分析中，我们同时考虑了其他的变量，比如用城市 GDP 对数增长率（Δgdp）衡量商业周期，然而无论是只包括增长率还是加入与城市赤字水平的交互项，模型（1）的估计结果都显示被解释变量（freq，share）没有表现出显著的周期性特征。我们认为这可能是由 GDP 存在内生性所导致的。正如第二节所分析的，地方政府在（部分通过融资平台）获得土地出让金之后，主要用途之一就是支持当地的基础设施建设，这实际上会直接拉动当地的经济增长。由此，融资平台所代表的土地出让行为会影响同期的经济增长，也就意味着可能存在“反向因果”关系，因此，GDP 增长率对本章的研究问题来讲，可能不是一个合适的解释变量。相对

① 当然，我们以上的分析目前还没有计量结果的支持，尤其是我们无法获得银行和信托机构向融资平台借贷的信息（如图 6.1）。在获取合适的数据后对这一假设进行检验，是我们未来研究的一个方向。

而言，房地产市场的周期往往是由国家层面的宏观调控因素和货币政策所决定的（Deng et al.，2012），同时取决于当地居民的购房意愿和长期的人口变动情况，地方政府很难完全控制这些因素的变化。我们在附录 B 的表 1 中用一个简单的回归验证这一论点，在回归中先后加入城市虚拟变量、年度虚拟变量和同时加入二者，来考察它们对商品房销售增速的解释力，结果发现，尽管两组虚拟变量都联合显著（F 检验），但是年度虚拟变量的解释力比城市虚拟变量大得多。[①] 这一结果说明全国层面的房地产周期是影响城市层面房地产市场波动的主要动力，又支持了房地产周期在城市层面的“外生性”。

二、直观证据

图 6.4 显示了处于不同财政压力下的城市的融资平台购地比例与房地产周期之间的关系。横轴是房地产销售面积对数增长率，纵轴分别是我们关心的两个被解释变量：融资平台相对购地频率（freq，左图）和相对购地额（share，右图），同时我们还区分了两个子样本：高负债城市，样本期平均赤字率处于第 1 分位点；和高负债城市，样本期平均赤字率处于第 3、4 分位点。首先，从左图（a）中可以比较清晰地观察到，对于财政压力较高的城市，其融资平台的购地行为表现出稳定的“逆周期性”（左图（a）中实线），而对于财政压力较低的城市，周期性不明显，这与我们回归中得到的结果一致。另一组关系更加复杂，在右图（b）中，当房地产处于高速增长时期（图中最靠右的区域），两类城市的融资平台的购地额都表现出明显的“逆周期性”，与我们的理论预测相一致；然而当处于正常发展时期（图中中部区域），两类城市又不同程度地呈现出“顺周期

① 当然，我们以上的分析目前还没有计量结果的支持，尤其是我们无法获得银行和信托机构向融资平台借贷的信息（如图 6.1）。在获取合适的数据后对这一假设进行检验，是我们未来研究的一个方向。

性”，因此整体而言，融资平台的相对购地额与房地产周期表现出一定的非线性关系。

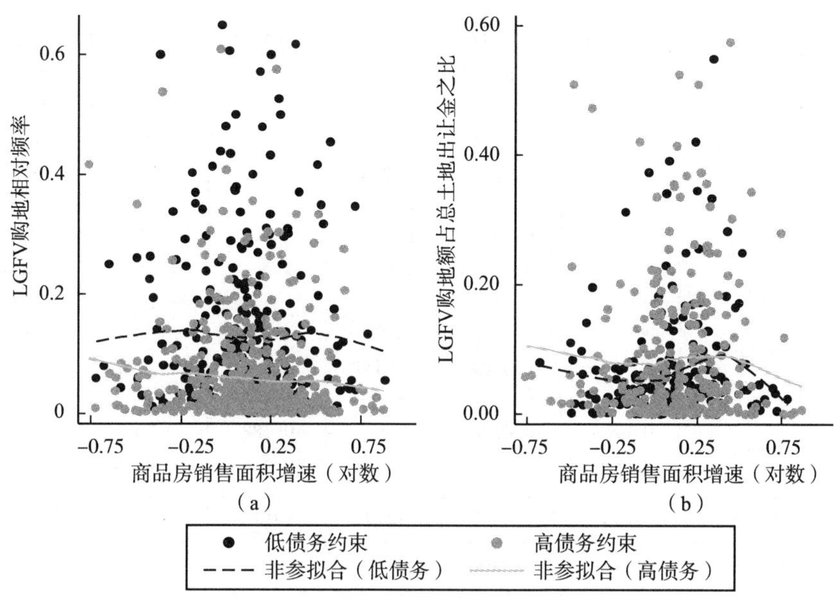

图 6.4　房地产周期与融资平台的购地行为

三、稳健性检验

在估计表 6.3 的基准模型时，我们是基于全部的可用样本（2007—2013）。然而，正如第二节所提及的，“四部门”在 2012 年末颁布的规定对融资平台的购地行为产生了显著的抑制作用（见图 6.2），这是否会影响本章的结论呢？为此，我们将样本时期限制在 2007—2012 年之后重新对基准模型进行估计，结果报告在表 6.5 中。通过比较表 6.5 和表 6.3 的估计结果，我们可以发现，尽管有的系数的绝对数值出现了变化，但是表 6.5 中系数整体的符号和显著性水平都与表 6.3 保持一致，这表明本章的结论并不依赖于样本期内发生的特定政策。

表 6.5 稳健性检验（2007—2012 年样本）

变量	(1) freq	(2) freq	(3) freq	(4) share	(5) share	(6) share
$\Delta floor_t$	-0.003 0.005	0.0278 * (0.0167)	0.0564 (0.0356)	-0.0025 (0.00895)	-0.0293 ** (0.0144)	-0.0281 ** (0.0129)
$\Delta floor_t \times quar2$		-0.0376 * (0.0195)	-0.0746 (0.0656)		0.0461 ** (0.0196)	0.0662 (0.0416)
$\Delta floor_t \times quar3$		-0.0481 *** (0.0184)	-0.134 ** (0.0632)		0.0554 * (0.0286)	0.0774 * (0.0454)
$\Delta floor_t \times quar4$		-0.0290 (0.0189)	-0.0429 (0.0537)		0.0286 (0.0276)	0.0312 (0.0458)
Constant	0.0204 (0.235)	0.0280 (0.234)		0.588 (0.856)	0.554 (0.828)	
N	1477	1477	1477	711	711	711
R^2	0.059	0.065		0.017	0.032	
城市数	260	260		216	216	
城市特征	YES	YES	YES	YES	YES	YES
城市固定效应	YES	YES	YES	YES	YES	YES
时间固定效应	YES	YES	YES	YES	YES	YES

注：本表基于2007—2012年的样本。第（1）~（3）列结果的被解释变量是融资平台购地的相对频率，第（4）~（6）列结果的被解释变量是融资平台购地额占所在城市当年总出让金收入的份额。第（3）和第（6）列采用的是霍诺尔（1992）的非参数固定效应估计方法。表中所有回归结果采用的是城市聚类稳健型标准差（city-cluster robust standard error）；***、**、* 分别代表1%、5%和10%的显著性水平。

另外一个可能影响本章结论的因素是城市之间的（随时间变化的）[①]"异质性"：随着经济的发展，各个城市房地产市场的发展趋势也可能出

① 由于在基准模型中已经包括城市的固定效应和年份的固定效应，因此我们已经控制了（不随时间变化的）城市的"异质性"。

现“分化”，而房地产市场的发展水平也会对地方融资平台的购地行为产生影响。为了将这一影响考虑进来，我们在表 6.6 中涵盖了一线城市、二线城市特定的时间趋势，并重新对计量模型进行估计。可以发现，表 6.6 第（1）~（5）列中系数的符号和显著性水平都与表 6.3 保持一致，而第（6）列的截断模型中，尽管交互项 $\Delta floor_t \cdot quar2 - \Delta floor_t \cdot quar4$ 的系数的符号与表 6.3 保持一致，但不显著，我们认为可能是由于新加入的城市特定时间趋势捕捉到了一部分由于城市经济发展水平差异所导致的地方政府融资平台融资能力的差异性。[①] 总体而言，表 6.6 的结论证实我们的基本结论对于（时变的）城市“异质性”是稳健的。

表 6.6　　稳健性检验（城市类别特定趋势）

变量	(1) freq	(2) freq	(3) freq	(4) share	(5) share	(6) share
$\Delta floor_t$	-0.00412 (0.00545)	0.0204 (0.0159)	0.0507** (0.0229)	-0.0017 (0.00929)	-0.0267* (0.0156)	-0.0218* (0.0121)
$\Delta floor_t \times quar2$		-0.0297 (0.0187)	-0.0492* (0.0285)		0.0421** (0.0205)	0.0273 (0.0249)
$\Delta floor_t \times quar3$		-0.0394** (0.0176)	-0.0769*** (0.0287)		0.0520* (0.0301)	0.0262 (0.0305)
$\Delta floor_t \times quar4$		-0.0206 (0.0183)	-0.0264 (0.0238)		0.0256 (0.0293)	0.0238 (0.0356)
Constant	0.0149 (0.213)	0.0203 (0.213)	-1.284*** (0.470)	0.681 (0.824)	0.652 (0.803)	-0.177 (0.133)
N	1477	1477	1477	711	711	711
R^2	0.110	0.114		0.047	0.058	
城市数	260	260	260	216	216	216

① 或者说金融摩擦（融资约束）程度的“异质性”。

续表

变量	(1) freq	(2) freq	(3) freq	(4) share	(5) share	(6) share
城市特征	YES	YES	YES	YES	YES	YES
城市固定效应	YES	YES	YES	YES	YES	YES
城市特定趋势	YES	YES	YES	YES	YES	YES

注：本表基于2007—2012年的样本。第（1）~（3）列结果的被解释变量是融资平台购地的相对频率，第（4）~（6）列结果的被解释变量是融资平台购地额占所在城市当年总出让金收入的份额。第（3）和第（6）列采用的是霍诺尔（1992）的非参数固定效应估计方法。表中所有回归结果采用的是城市聚类稳健型标准差（city-cluster robust standard error）；*** 、** 、* 分别代表1%、5%和10%的显著性水平。

第五节　结论

近年来，地方政府的“高负债”问题日益引起各方面的关注。人们担心，在地方政府财政高度依赖于“土地财政”的条件下，一旦房地产市场的周期性调整导致土地出让金收入出现下滑，地方政府维系已有“财政缺口”以及偿还债务的能力就会受到严重影响，甚至有发生“债务危机”的可能。本章首先提出一条以往被忽视的，地方政府融资平台通过购买土地向地方政府“输送”土地出让金的机制，接下来，我们采用一个独特的包括土地交易详细信息的数据库，从中识别出融资平台购买商住用地的信息，并以此衡量地方政府参与土地市场的程度。通过实证分析，我们发现，高财政压力城市的地方政府融资平台的购地频率呈现“逆周期”特征，即在房地产市场处于下行周期时相对频繁地进入土地市场购地，而财政压力较小城市的融资平台的购地频率并未明显地受到房地产市场周期的影响。同时，在购地平台支付的出让金份额占城市总出让金比例方面，财政压力较低的城市呈现出“逆周期性”，而那些财政压力较高的城市呈现出“顺周期性”。我们认为，这可能反映了融资平台在购买土地时所面临的融资约束。

我们认为本章中发现的，地方政府通过融资平台购地获得土地出让金的方式潜藏着非常大的风险。首先，传统意义上融资平台的融资对象——公用事业项目，虽然具有周期长、投资大等特点，但是一旦建成，就能提供持续的现金流来偿还之前所借债务。而融资平台本身大多不具有土地开发的能力和资质，其购买的土地很可能处于闲置的状态，在房地产市场的调整期，商住用地的转让也并非易事，这不仅造成了土地资源的浪费，还使得融资平台面临更大的财务风险。其次，购买土地并非设立融资平台的主要目的，这一行为往往比较隐蔽，从而给中央政府对地方债务的监管带来了更大的困难。

“融资平台购地”现象折射出来的实际上是地方政府财政的根本性困局，尽管中央政府已经意识到融资平台存在的风险，并已经出台了一系列的文件，但这些措施往往是“治标之策”，根本性的问题不解决，地方政府仍然有动力去“发明”新的手段去发掘新的财源。我们认为，当务之急，是要解决地方政府财权—事权不匹配与过度依赖“土地财政”这两个根本性问题：第一，中央政府要加速推动房产税改革，同时发展和完善地方政府债券市场，为地方政府创造更加可持续、更加透明的财政收入来源。第二，在分税制改革推出 20 多年之后，我们有必要重新理顺地方政府的财权—事权的分配，过度依赖“经济增长指标”的官员晋升体制进行改革，从而抑制地方政府通过融资平台过度融资的冲动，化解发生债务危机的风险。

第七章

全书总结和未来研究前瞻

第一节 主要结论和政策含义

作为“衣食住行”之一的住房，在家庭的经济活动中扮演着十分重要的角色。但是经济理论中对住房的研究，尤其是对住房本质的认识，长期以来处于比较肤浅的程度。研究者要么将住房视为一种普通的（耐用）消费品，要么将住房归为和股票、债券一样的家庭金融资产。事实上，住房同时具有“双重属性”：既是重要的消费支出，又是家庭重要的金融资产。

关于住房的另外一个重要的特征事实是住房需求的“生命周期”模式。由于自有住房相比于租房而言能够给家庭带来更多的效用，因此随着年龄的增长、收入的增加，大多数家庭会选择从租房过渡到购买自有住房，或者从面积较小的“刚需房”搬入面积更大的“改善型”住房，并且一直居住在自己的住房中。此外，住房还具有“非流动性”和“不可分性”（见第二章）的特点，这些特征共同决定了家庭对住房的需求具有相当程度的“刚性”和“不可调整性”。

正因为住房具有上述不同于一般商品或资产的属性，使得中国当前的住房问题具有如此重要的意义。众所周知，2004 年以来，中国房地产市场经历了持续十多年的高速发展，其中最主要的特征就是房价的高速增长。如果我们没有考虑到住房需求的“刚性”，就很难理解为什么高房价给年轻家庭带来了如此沉重的债务负担，因为他们很难用其他消费品去替代自有住房所能带来的效用。与此同时，如果不考虑住房的“双重属性”，也很难解释为什么当北京这样的“超级城市”的“房价—收入”比超过 17 时，[①] 房价仍然屡创新高，因为大量的家庭将“获取住房增值收益”作为购房的一个重要原因，此时对住房已经从获取“居住服务”的普通商品转变为攫取“资本收益”的金融商品。在这种情况下，是对房价继续增长的预期，而不是住房的“基础价值”，决定着房价变动的趋势。此外，包括户籍制度、城市土地出让制度，甚至财税制度在内的中国特色的政治经济体制，也在很大程度上塑造着房地产市场的发展状态。

现有大量对于中国房地产市场的研究主要集中在对中国城市“高房价”现象的解释上，本书在这一点上也给出了我们的看法（见第四章）。但我们更加关注的问题是，在这种“高房价”环境已经客观存在的条件下，政府应该如何制定政策来抑制对住房的“投机性”需求，防止住房价格明显超过其“基础价值”，从而尽量避免住房市场积累过多的泡沫；应如何采取措施，来消除住房市场中由于制度原因（如城市户籍）而对特定人群（农民工）的歧视，保证住房服务的公平；应如何完善住房抵押市场，减轻青年家庭的债务负担；等等。2016 年 12 月召开的中央经济工作会议上明确强调，“房子是用来住的，不是用来炒的”，明确地提出要抑制对住房的“投机性需求”。随后不久，在 2017 年 3 月的全国人大会议上，李克强总理在《政府工作报告》中又一次明确了“坚持住房的居住属性，落实地方政府主体责任，加快建立和完善促进房地产市场平稳健康发展的长效机制”的住房政策方针。这些提法与本书中反复强调的观点是吻合的。与此同时，李克强总理还提到了“要支持居民自住和进城人员

① 根据英国《经济学家》杂志的计算，截至 2014 年底，北京市的房价—收入比为 17.8，上海市的房价—收入比超过 14。

购房需求”。同时，在2017年2月23日国新办举行的房地产新闻发布会上，住建部部长陈政高也提到，结合城镇化推进去库存是重要途径。政府将总结成功经验，“继续鼓励、引导农民工和农民进城安居”。[①] 根据我们在第三章中的研究成果，要实现这些目标，必须从根本上改革现有的户籍制度，以及建立在户籍制度上现有的公共服务和社会保障体制。我们认为，中央政府的这些新提法和新举措都反映出对中国住房问题认识的不断深入，是采取有效措施解决住房市场现有问题的前提和关键。

第二节 研究创新

为了获得正确的研究结果，我们必须孜孜不倦地寻找高质量的数据，采用更合适的变量构造方法，更先进的计量估计方法和动态模型求解方法。但更重要的是，我们需要对中国房地产市场和与之紧密相关的制度背景有深入的了解，并在此基础上对经济现象给出合理的解释。我们认为，本书的研究在方法和理论上有如下创新之处。

在第二章和第三章中，我们考察了中国家庭住房需求的“生命周期”模式。在第二章中，我们采用的是一个结构化的随机动态模型，与常用的“简化性”模型相比，这个模型的优势在于能够通过“反事实模拟”的方式，考察模型中不同要素变动对结果的影响。我们采用结构模型考察了“退休金替代比”对家庭住房需求行为的影响，并获得了一些有意义的结论。

在第三章中，我们考察了城市户籍制度对农村进城务工家庭住房需求的影响。由于在现有的户籍制度下，移民家庭的户籍地位并不是随机分配的（Chan & Buckingham，2008），如果我们要考察户籍对住房拥有率的影

① 中国新闻网．住建部：去库存获初步成效　继续引导农民进城安居．http：//www.cankaoxiaoxi.com/finance/20170223/1711238.shtml.

响，必须考虑户籍地位这一处理变量的内生性（endogeneity）问题。我们在这一章的实证分析中通过“Heckman 两步法”和“Binary Probit”的方法妥善地控制了研究中可能存在的移民家庭样本选择问题和户籍地位的内生性问题，从而保证了所得到的实证结果的可靠性。

在第四章对中国房地产市场的动态学分析中，我们明确地在建模中考虑了住房的“双重属性”。此外，我们采用动态系统分析的方法考察整个经济系统的稳定性，从而避免了传统的真实经济周期模型（RBC）过度依赖“外部冲击”的缺陷。在第五章，我们采用微观交易数据和新的估计方法构造了北京“社区（或街道）”水平上的住房“购—租比”指数，据我们所知，这是文献中迄今为止第一个在如此微观的水平上构造的房地产指数。

在第六章中，我们在数据、理论和实证分析方面都具有一些创新之处。数据方面，我们采用一个时间跨度从 2000—2013 年，包括超过 100 万笔土地交易的微观数据库，数据库中包括土地交易的详细信息，其中就包括土地的购买者信息。我们将银监会公布的地方政府融资平台信息名单与土地出让人信息相匹配，从而识别出购地主体中哪些是与政府关系密切的融资平台公司。在理论方面，我们提出了一个“地方政府→融资平台→土地市场（→金融机构）”的财政融资传导机制，在这一机制下，地方政府不仅是“城市土地垄断性的供给者”（Wu et al.，2014），还是土地市场“积极的购买方”（通过融资平台），这一现象，据我们所知，在现有文献中还没有受到太多关注。然而，我们的目的不仅仅是提出这一机制，更重要的是，这部分由融资平台所参与的经营性土地交易，往往更加直接地反映地方政府对土地市场的干预意图。① 我们将集中分析地方政府财政压力与这部分土地出让数量的关系，同时还会比较其与其他的土地出让的不同之处。最后，在实证分析方面，我们借鉴阿吉翁内等（2012）的研

① 任伟（2014）曾经总结地方政府融资平台具有“六政现象”：政府出资成立，政府出人管理，政府区域经营，政府项目为主，政府隐性担保和政府地财还款。

究，利用过去十多年中国房地产市场的周期波动，来帮助识别财政压力与土地出让行为的关系，从而很大程度上避免了内生性的问题。

第三节 现有研究不足和未来研究方向

尽管本书在对中国住房市场和住房需求的研究上取得了一定的成果，但是受研究者水平和客观条件的限制，我们的研究还存在很多的问题和不足。而这些不足之处，也给我们提供了未来研究的方向。

在第二章所构建的家庭住房“生命周期”模型中，由于计算能力和数据可得性的原因，我们选择忽略了一些现实中影响家庭住房选择的重要因素，比如说，户主的寿命具有不确定性，并且一般会在去世之后保留一部分财产给自己的子女（“遗产动机”），这些因素都导致老年家庭不会完全消费掉自己的住房资产，从而导致家庭的住房拥有率在“生命周期”晚期仍然保持在很高的水平上。由于我们目前并没有将这两个因素纳入模型中，导致最终模拟出的家庭住房拥有率在家庭“生命周期”最后迅速地下降到零。此外，我们很难获得银行对不同类型家庭（比如是否拥有当地城市户籍）发放住房抵押贷款的标准和概率，不过我们猜测，由于非当地户籍家庭的工作性质（大多为非政府机关、事业单位和国企）、较低的职业稳定性，金融机构在对这部分主体发放贷款时会更加谨慎，从而降低了这部分家庭的住房购买力。忽略此差异使得我们的模型无法很好地捕捉两类家庭在“生命周期”早期住房需求上的显著差异。在今后的研究中，我们希望能够搜集更加高质量的数据，并采用更有效的计算方法来克服这些缺陷，更好地拟合真实经济。

除此之外，第二章的模型是一个局部均衡模型，我们只考虑了家庭这一个部门，而收入和房价过程都是外生给定的。当我们的目的在于分析住房需求的“生命周期”特征时，这一设定还是能够满足需求的，但是，如果我们想要分析诸如“商业周期对住房需求的影响”这样的问题时，采用局部均衡模型可能就会有“力有未逮”之感。而考虑包括一般商品生产部门、住房生产部门，甚至包括政府（土地供应者）的一般均衡模型，还包括家庭的“异质性”的情况，会极大地增加我们现有模型估计的复杂程度。如何添加必要的部门，又要使得模型可以求解和估计，是一个需要我们认真思索的问题，也是我们未来研究的一个重要方向。

在第五章中，我们采用北京市的住房交易微观数据构造了“社区（或街道）”层面的住房“购—租比”指数。在今后的研究中，我们希望将我们的样本扩大到包括所有一线城市和主要的二线城市，从而使我们的指数更具有代表性。此外，在这一章，标准的 User-cost 模型中预测的“购—租比”和（预期）房价增长率的关系与实证结果并不吻合，我们认为这是因为波特巴所提出的经典模型在本质上是一个静态模型，并不能完全捕捉到房价中蕴含的动态关系。格莱泽和内桑森（2014）指出，对于动态的 User cost 模型中租金（或房价）随机过程形式的设定，对最终模型的结果有很大的影响。因此，在随后的研究中，我们希望能够通过对 User-cost 动态形式的拓展，使得模型能够与数据更好地吻合，并且最终可以在某种程度上对“当地”房价是否处于合理水平进行准确的测度，解决实证中无法预测住房市场泡沫的问题。

我们在第六章中，将融资平台的购地数据加总到城市层面后进行分析。采用这一方法的一个考虑是，我们目前无法获得大多数融资平台的财务数据，所以无法在企业层面上进行分析。但是在城市层面上，我们的一个担忧是，住房的销售会不会受到地方政府政策的显著影响，或者说房地产周期在城市层面上是否完全具有外生性。在第六章中，我们花了相当的篇幅来讨论这一问题。另外一个解决方法是，构造一个包括地方政府、融资平台和一般开发商的动态模型，通过外生的冲击来验证我们的实证分析的结论，这也是我们未来研究的方向。

附录 A

命题 1 的证明

定义拉格朗日算子 L 为：

$$L = \sum_{t=0}^{\infty} \beta^{t}(\ln C_{j,t} + \theta \ln L_{j,t}) - \sum_{t=0}^{\infty} \lambda_{t+1}\beta^{t+1}$$
$$\{W_{j,t+1} - [(1+r)W_{j,t} + Y_{j,t} - C_{j,t} - dP_t H_{j,t} + Q_t(H_{j,t} - L_{j,t}) - E_j[P_{t+1}](H_{j,t+1} - H_{j,t})]\}$$

由此得到家庭决策问题的一阶条件为：

$$\frac{1}{C_{j,t}} - \lambda_{t+1}\beta = 0 \tag{4.21}$$

$$\frac{\theta}{L_{j,t}} - \lambda_{t+1}\beta Q_t = 0 \tag{4.22}$$

$$\lambda_{t+1}\beta(-dP_t + Q_t + E_j[P_{t+1}]) - \lambda_t P_t = 0 \tag{4.23}$$

$$\lambda_{t+1}\beta(1+r) - \lambda_t = 0 \tag{4.24}$$

由方程（4.21）得 $\lambda_t = 1/(\beta C_{j,t-1})$，将其代入方程（4.24），即得命题中的方程（4.3）。将方程（4.21）代入方程（4.22），得命题中的方程（4.4）。最后将方程（4.24）代入方程（4.23）得：

$$\lambda_{t+1}\beta(-dP_t + Q_t + E[P_{t+1}]) - \lambda_{t+1}\beta(1+r)P_t = 0$$

两边同除以 $\lambda_{t+1}\beta P_t$，得：

$$-d + \frac{Q_t + E[P_{t+1}]}{P_t} = 1 + r$$

此即为命题中的方程（4.5）。命题 1 得证。

命题 2 的证明

由方程（4.6），我们可以发现，如果 $E[p_{t+1}]>r+d$，则 Q_t 为负。如果所有家庭相信 $E[p_{t+1}]>r+d$，所有家庭均会选择购房，这使得经济中不存在租房需求。因此，若使 $Q_t>0$，经济中必然存在着一些家庭，其预期体现为 $E[p_{t+1}]<r+d$。命题 2 得证。

命题 3 的证明

不失一般性，不妨设 $\lambda_1 \geqslant \lambda_2$，从而：

$$\lambda_1=\frac{1}{2}\left[1+\sqrt{1+4(a_c-a_f)}\right] \tag{4.25}$$

$$\lambda_2=\frac{1}{2}\left[1-\sqrt{1+4(a_c-a_f)}\right] \tag{4.26}$$

首先，考虑 $a_f \leqslant a_c$ 的情形。此时，λ_1 和 λ_2 均为实根，且由方程（4.25）可知，$\lambda_1 \geqslant 1$。由此，我们就证明了命题 3 的第一部分。

接下来，我们考虑情形 $a_c<a_f \leqslant a_c+1/(4\theta)$。此时：

$$0<1+4\theta(a_c-a_f)<1$$

从而我们发现，特征根 λ_1 和 λ_2 仍然均为实根，但均小于 1，大于 0。由此，我们就证明了命题 3 的第二部分。

现在，让我们考察情形 $a_f>a_c+1/(4\theta)$。此时，λ_1 和 λ_2 为一对共轭复根。由方程（4.18）可知，$|\lambda_{1,2}|=\theta(a_f-a_c)$。从而我们发现 $\theta^*=1/(a_f-a_c)$。命题 3 的第三部分得证。

附录 B

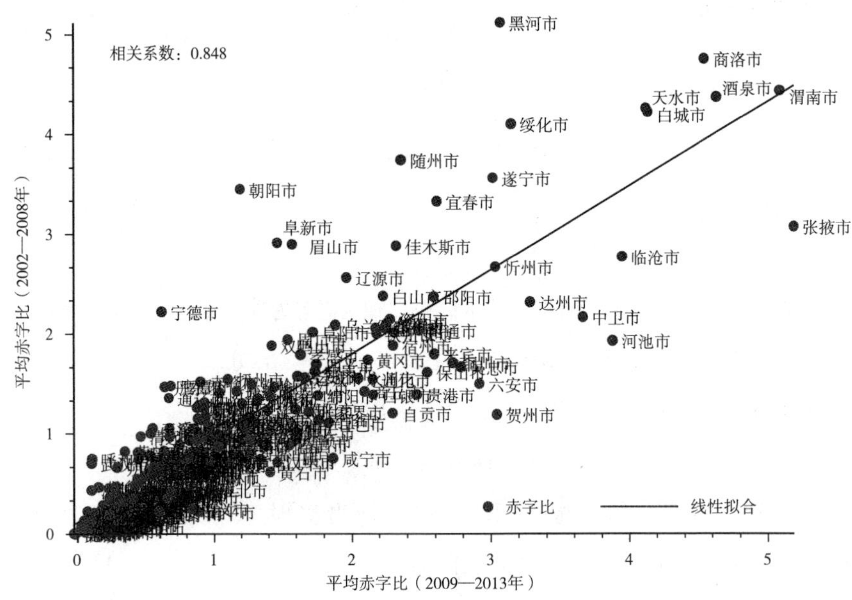

图 1　子样本平均赤字比相关性

表 1　城市固定效益和时间固定效应

变量	(1)	(2)	(3)
被解释变量	Δfloor	Δfloor	Δfloor
城市虚拟变量	YES	NO	YES
年度虚拟变量	NO	YES	YES
N	351	210	210
R^2	0. 026	0. 261	0. 292

续表

变量	(1)	(2)	(3)
adj R^2	-0.0653	0.239	0.145
城市虚拟变量联合显著检验（F 检验）	.		60.77***
年度虚拟变量联合显著检验（F 检验）	.	13.97***	12.29***

注：(1) 估计方法：普通最小二乘；(2) 第 (1) 列中城市虚拟变量联合显著性的 F 检验值缺失，可能是由于方程矩阵不满秩造成的；(3) ***、**、* 分别代表 1%、5% 和 10% 的显著性水平。

参考文献

[1] 邓曲恒．城镇居民与流动人口的收入差异——基于 Oaxaca - Blinder 和 Quantile 方法的分解 [J]．中国人口科学，2007 (2)：8 - 16.

[2] 龚刚，黄春媛，张前程，陈维涛，赵亮亮．从技术引进走向自主研发——论新阶段下的中国经济增长方式 [J]．经济学动态，2013 (5)：16 - 26.

[3] 龚刚．警惕旧的经济增长方式死灰复燃——有感于 2016 年上半年经济统计数据 [EB/OL]．(2016 - 07 - 16) [2018 - 07 - 16]．http://www. rmlt. com. cn/2016/0716/433239. shtml.

[4] 龚刚，刘学良，杨光，张路．宏观视角下的中国住房市场价格研究 [R]．国家自然科学基金结题报告，2015.

[5] 龚刚．论新常态下的供给侧改革 [J]．南开学报（哲学社会科学版），2016 (2)：13 - 20.

[6] 国家统计局城市社会经济调查司．中国城市统计年鉴 [M]．北京：中国统计出版社，2002—2014.

[7] 何英华．户籍制度松紧程度的一个衡量 [J]．经济学（季刊），2004 (S1)：99 - 124.

[8] 黄兴文，蒋立红．住房体制市场化改革——成就、问题、展望 [M]．北京：中国财政经济出版社，2009.

[9] 况伟大，李涛．土地出让方式、地价与房价 [J]．金融研究，2012 (8)：56 - 69.

[10] 况伟大．住房特性、物业税与房价 [J]．经济研究，2009

(4): 151-160.

[11] 李涛，史宇鹏，陈斌开．住房与幸福：幸福经济学视角下的中国城镇居民住房问题［J］．经济研究，2011（9）：69-81.

[12] 李扬，张晓晶，常欣，汤铎铎，李成．中国主权资产负债表及其风险评估（上）［J］．经济研究，2012（6）：4-19.

[13] 李扬，张晓晶，常欣，汤铎铎，李成．中国主权资产负债表及其风险评估（下）［J］．经济研究，2012（7）：4-21.

[14] 李颖，胡日东．中国房地产价格与宏观经济波动——基于PVAR模型的研究［J］．宏观经济研究，2011（2）：26-30.

[15] 罗党论，佘国满．地方官员变更与地方债发行［J］．经济研究，2015（6）：131-146.

[16] 任伟．关于地方政府融资平台融资约束机制的思考［J］．国土资源科技管理，2014（6）：133-137.

[17] 世界银行．中国：推进高校、包容、可持续的城镇化［R］．世界银行，2014.

[18] 陶然，袁飞，曹广忠．区域竞争、土地出让与地方财政效应：基于1999—2003年中国地级城市面板数据的分析［J］．世界经济，2007(10): 15-27.

[19] 汪立鑫，王彬彬，黄文佳．中国城市政府户籍限制政策的一个解释模型：增长与民生的权衡［J］．经济研究，2010（11）：115-126.

[20] 王永钦，包特．异质交易者、房地产泡沫与房地产政策［J］．世界经济，2011（11）：84-102.

[21] 王永钦，戴芸，包特．财政分权下的地方政府债券设计：不同发行方式与最优信息准确度［J］．经济研究，2015（11）：65-78.

[22] 张春泥．农民工为何频繁变换工作——户籍制度下农民工的工作流动研究［J］．社会，2011（6）：153-177.

[23] 张力，吴开亚．城市自由落户的地方公共财政压力分析［J］．中国人口科学，2013（6）：17-26.

[24] 张路，龚刚，李江一．移民、户籍与城市家庭住房拥有率——基于 CHFS2013 微观数据的研究 [J]. 南开经济研究，2016 (4)：115 - 135.

[25] 张智威．财政收入滑坡样本 [EB/OL].(2015 - 02 - 02) [2018 - 06 - 17]. http：//magazine. caijing. com. cn/20150202/3813217. shtml.

[26] 赵文哲，杨继东．地方政府财政缺口与土地出让方式——基于地方政府与国有企业互利行为的解释 [J]. 管理世界，2015 (4)：11 - 24.

[27] 郑华．中国房地产政策研究——堵漏、体改、维权 [M]. 北京：电子工业出版社，2009.

[28] 郑思齐，孙伟增，吴璟，武赟．“以地生财，以财养地”——中国特色城市建设投融资模式研究 [J]. 经济研究，2014 (8)：14 - 27.

[29] 周晖，王擎．货币政策与资产价格波动：理论模型与中国的经验分析 [J]. 经济研究，2009 (10)：61 - 74.

[30] 周京奎．城市舒适性与住宅价格、工资波动的区域性差异——对 1999—2006 中国城市面板数据的实证分析 [J]. 财经研究，2009 (9)：80 - 91.

[31] 周黎安．中国地方官员的晋升锦标赛模式研究 [J]. 经济研究，2007 (7)：36 - 50.

[32] Aaronson D. A note on the benefits of homeownership [J]. Journal of Urban Economics, volume, 1999, 47 (3): 356 - 369.

[33] Aghion P, Askenazy P, Berman N, et al. Credit constraints and the cyclicality of R&D investment: Evidence from France [J]. Journal of the European Economic Association, 2012, 10 (5): 1001 - 1024.

[34] Aghion, P., Marinescu, I., Caballero, R. J., et al. Cyclical Budgetary Policy and Economic Growth: What Do We Learn from OECD Panel Data? [J]. NBER Macroeconomics annual, 2007, 22: 251 - 297.

[35] Arce, Aureo, and David Lopez - Salido. Housing Bubbles [J]. American Economic Journal: Macroeconomics, 2011, 3 (1): 212 - 241.

[36] Arce, Ó, López - Salido, D. Housing bubbles [J]. American Eco-

nomic Journal: Macroeconomics, 2011, 3 (1): 212 -241.

[37] Ascariy, G., Pecoraz, N., & Spelta A. Boom and Burst in Housing Market with Heterogeneous Agents [J]. Macroeconomic Dynamics, 2017, 22 (7): 1 -17.

[38] Attanasio, O. P., Bottazzi, R., Low, H. W., et al. Modelling the demand for housing over the life cycle [J]. Review of Economic Dynamics, 2012, 15 (1): 1 -18.

[39] Bachmann, R., Bayer, C. 'Wait - and - See' business cycles? [J]. Journal of Monetary Economics, 2013, 60 (6): 704 -719.

[40] Bajari, P., Chan, P., Krueger, D., et al. A dynamic model of housing demand: Estimation and policy implications [J]. International Economic Review, 2013, 54 (2): 409 -442.

[41] Baker, D. The Run - Up in Home Prices: A Bubble [J]. Challenge, 2002, 45 (6): 93 -119.

[42] Bayer, P., Ellickson, B., Ellickson, P. B. Dynamic asset pricing in a system of local housing markets [J]. The American Economic Review, 2010, 100 (2): 368 -372.

[43] Bernanke, B. S., & Gertler, M. Should Central Banks Respond to Movements in Asset Prices? [J]. American Economic Review, 2001, 91 (2): 253 -257.

[44] Bernanke, B. S. Housing, Mortgage Markets, and Foreclosures [R]. Remarks at The Federal Reserve System Conference on Housing and Mortgage Markets, Washington, D. C, 2008.

[45] Bikhchandani, S., Hirshleifer, D., Welch, I. Learning from the behavior of others: conformity, fads, and informational cascades [J]. Journal of Economic Perspective, 1998, 12 (3): 151 -170.

[46] Borjas, G. J. Homeownership in the immigrant population [J]. Journal of urban economics, 2002, 52 (3): 448 -476.

[47] Brock, W. A., & Hommes, C. H. "Heterogeneous Beliefs and Routes to Chaos in a Simple Asset Pricing Model", Journal of Economic Dynamics and Control, 1998, 22: 1235 - 1274.

[48] Cai, H., Henderson, J. V., Zhang, Q. China's land market auctions: evidence of corruption? [J]. The Rand journal of economics, 2013, 44 (3): 488 - 521.

[49] Campbell, J. Y., & Cocco, J. F. "How Do House Prices Affect Consumption? Evidence from Micro Data", Journal of Monetary Economics, 2007, 54 (3): 591 - 621.

[50] Campbell, J. Y. Household finance [J]. The Journal of Finance, 2006, 61 (4): 1553 - 1604.

[51] Carroll, C. D., Otsuka, M. & Slacalek, J., How Large Is the Housing Wealth Effect ? A New Approach [R]. NBER Working Papers 12746, 2010.

[52] Case, K. E., Quigley, J. M., Shiller, R. J. Comparing wealth effects: the stock market versus the housing market [J]. Advance of Macroeconomics, 2005, 5 (1): 1 - 32.

[53] Case, K. E., Quigley, J. M., Shiller, R. J. Comparing wealth effects: the stock market versus the housing market [J]. Advances in macroeconomics, 2005, 5 (1).

[54] Case, K. E., Shiller, R. J. Is there a bubble in the housing market? [J]. Brookings Paper on Economic Activity, 2003, 2: 299 - 362.

[55] Case, K. E., Shiller, R. J. The efficiency of the market for single family homes [J]. American Economic Review, 1989, 79 (1): 125 - 137.

[56] Case, K. E., Shiller, R. J., Thompson, A. What have they been thinking? Homebuyer behavior in hot and cold markets. Brookings Paper on Economic Activity , 2012, 2: 265 - 315.

[57] Case, K. E., Shiller, R. J., Thompson, A. What have they been thinking? Home buyer behavior in hot and cold markets [R]. National Bureau

of Economic Research, 2012.

[58] Chiburis, R. C., Das, J., Lokshin, M. A Practical Comparison of the Bivariate Probit and Linear IV Estimators [J]. Social Science Electronic Publishing, 2011, 117 (3): 762 -766.

[59] Chien, Y. L., Cole, H., Lustig, H. "A Multiplier Approach to Understanding the Macro Implications of Household Finance", The Review of Economic Studies, 2011, 78 (1): 199 -234.

[60] Ciarlone, A. House price cycles in emerging economies [J]. Studies in Economics and Finance, 2015, 32 (1): 17 -52.

[61] Clark, W. A. V., Deurloo, M. C. Tenure Changes in the Context of Micro-level Family and Macro-level Economic Shifts [J]. Urban Stud, 1994, 31 (1): 137 -154.

[62] Crowe, C., Giovanni, D. G., & Igan, D., et al. How to deal with real estate booms: Lessons from country experiences [J]. Journal of Financial Stability, 2010, 9: 300 -319.

[63] Davis, M. A., Van Nieuwerburgh, S. Housing, finance and the macroeconomy [R]. National Bureau of Economic Research, 2014.

[64] Day, R. H., & Huang, W. H. Bulls, Bears and Market Sheep [J]. Journal of Economic Behavior and Organization, 1990, 14: 299 -329.

[65] De Long, B., Shleifer, A., & Summers, L., et al. Positive Feedback Investment Strategies and Destabilizing Rational Speculation [J]. Journal of Finance, 1990, 45 (2): 379 -395.

[66] Deng, Y., Gyourko, J., Wu, J. Land and house price measurement in China [R]. National Bureau of Economic Research, 2012.

[67] Deng, Y. H., Gyourko, J., & Wu, J. Land and Housing Price Measurement in China [J]. NBER Working Paper, 2012.

[68] Deng, Y., Morck, R., Wu, J., et al. China's pseudo-monetary policy [J]. Review of Finance, 2015, 19 (1): 55 -93.

[69] Diamond, Peter. National debt in a neoclassical growth model [J]. American Economic Review, 1965, 55: 1126 - 1150.

[70] Dieci, R., & Westerhoff, F. A Simple Model of a Speculative Housing Market [J]. BERG Working Paper, 2009.

[71] DiPasquale, D., Glaeser, E. L. Incentives and Social Capital: Are Home owners Better Citizens [J]. Social Science Electronic Publishing, 1999, 45 (2): 354 - 384.

[72] Favara, G., & Song, Z. House Price Dynamics with Dispersed Information [J]. Journal of Economic Theory, 2013, 1 (12): 1 - 33.

[73] Fischer, M., Stamos, M. Z. Optimal life cycle portfolio choice with housing market cycles [J]. Review of Financial Studies, 2013, 26 (9): 2311 - 2352.

[74] Fu, Y., Tse, D. K., Zhou, N. Housing Choice Behavior of Urban Workers in China's Transition to a Housing Market [J]. Journal of Urban Economics, 2000, 47 (1): 61 - 87.

[75] Gelain, P., Lansing, K. J. House prices, expectations, and time-varying fundamentals [J]. Journal of Empirical Finance, 2014, 29: 3 - 25.

[76] Giglio, S., Maggiori, M., Stroebel, J. No - Bubble Condition: Model - Free Tests in Housing Markets [J]. Econometrica, 2016, 84 (3): 1047 - 1091.

[77] Giles, J., Mu, R. Village political economy, land tenure insecurity, and the rural to urban migration decision: evidence from China [J]. American Journal of Agricultural Economics, 2017, 100 (2): 521 - 544.

[78] Glaeser, E., Gyourko, J. Housing Dynamics [J]. NBER Working Paper No. 12787. 2006.

[79] Glaeser, E. L., & Gottlieb, J. D. The Wealth of Cities: Agglomeration Economies and Spatial Equilibrium in the United States [J]. Journal of Economic Literature, 2009, 47 (4): 983 - 1028.

[80] Glaeser, E. L, Gyourko, J. Arbitrage in housing markets [R]. National Bureau of Economic Research, 2007.

[81] Gyourko, J., Linneman, P. Analysis of the Changing Influences on Traditional Households' Ownership Patterns [J]. Journal of Urban Economics, 1996, 39 (3): 318 - 341.

[82] Halket, J., Vasudev, S. Saving up or settling down: Home ownership over the life cycle [J]. Review of Economic Dynamics, 2014, 17 (2): 345 - 366.

[83] Haurin, D. R., Gill, H. L. The Impact of Transaction Costs and the Expected Length of Stay on Homeownership [J]. Journal of Urban Economics, 2002, 51 (3): 563 - 584.

[84] Heckman, J. J. Sample selection bias as a specification error [J]. Econometrica. 1979: 153 - 161.

[85] He, H., Lei, N., Zhu, D. Rapid aging and pension reform: the case of China [R]. Unpublished manuscript, IMF and Shanghai University of Finance and Economics, 2014.

[86] Henderson, J. V., Ioannides, Y. M. A Model of Housing Tenure Choice [J]. American Economic Review, 1983, 73 (1): 98 - 113.

[87] Hill, R. J., Syed, I. A. Hedonic price-rent ratios, user cost, and departures from equilibrium in the housing market [J]. Regional Science and Urban Economics, 2016, 56: 60 - 72.

[88] Himmelberg, C., Mayer, C., Sinai, T. Assessing high house prices: Bubbles, fundamentals and misperceptions [J]. The Journal of Economic Perspectives, 2005, 19 (4): 67 - 92.

[89] Hommes, C. H. "Heterogeneous Agent Models in Economics and Finance", Handbook of Computational Economics, 2006, 2: 1109 - 1186.

[90] Hong, H., Scheinkman, J., Xiong, W. Advisors and asset prices: a model of the origins of bubbles [J]. Journal of Financial Economics, 2008, 89

(2): 268 - 287.

[91] Hong, H., & Stein, J. C. A Unified Theory of Underreaction, Momentum Trading, and Overreaction in Asset Markets [J]. Journal of Finance, 1999, 54 (6): 2143 - 2184.

[92] Honoré, B. E. Trimmed LAD and least squares estimation of truncated and censored regression models with fixed effects [J]. Econometrica. 1992: 533 - 565.

[93] Huang, W. H., Zheng, H. H., & Chia, W. M. Financial Crises and Interacting Heterogeneous Agents [J]. Journal of Economic Dynamics and Control, 2010, 34 (6): 1105 - 1122.

[94] Iacoviello, M. Housing in DSGE models: Findings and new directions [M]. Housing Markets in Europe. Springer, Berlin, Heidelberg, 2010: 3 - 16.

[95] Iacoviello, M, Pavan, M. Housing and debt over the life cycle and over the business cycle [J]. Journal of Monetary Economics, 2013, 60 (2): 221 - 238.

[96] Kain, J., Quigley, J. Note on Owner's Estimate of Housing Value [J]. Journal of the American Statistical Association, 1972, 67 (340): 803 - 806.

[97] Kocherlakota, Narayana. Injecting rational bubbles [J]. Journal of Economic Theory, 2008, 142: 218 - 232.

[98] Landvoigt, T., Piazzesi, M., Schneider, M. The housing market (s) of San Diego [J]. The American Economic Review, 2015, 105 (4): 1371 - 1407.

[99] Li, W., Yao, R. The Life - Cycle Effects of House Price Changes [J]. Journal of Money, Credit and banking, 2007, 39 (6): 1375 - 1409.

[100] M. A., G. M. Housing Transactions and the Changing Decisions of Young Households in Britain: The Microeconomic Evidence [J]. Real Estate

Economics, 2003, 31 (1): 117 – 138.

[101] McCarthy, J., & Peach, R. W. "Are Home Prices the 'Next Bubble'?" [J] Economic Policy Review, 2004, 10 (3): 1 – 17.

[102] Meen, G. Spatial aggregation, spatial dependence and predictability in the UK housing market [J]. Housing studies, 1996, 11 (3): 345 – 372.

[103] Muth, R. F. Cities and Housing: The Spatial Pattern of Urban Residential Land Use [J]. University of Chicago Press: Chicago, IL, 1969.

[104] Nathanson, C. G., Zwick, E. Arrested Development: Theory and Evidence of Supply - Side Speculation in the Housing Market [J]. The Journal of Finance, 2018, 73 (6): 2587 – 2633.

[105] Oikarinen, E. Empirical Application of the Housing Market No – Arbitrage Condition: Problems, Solutions and a Finnish Case Study [R]. SSRN Working Paper, 2008.

[106] Olsen, E. O., Zabel, J. E. US Housing Policy [J]. Handbook of Regional and Urban Economics, 2015, 5: 887 – 986.

[107] Ortalo – MagnéF, & Rady S. Housing Market Dynamics: On the Contribution of Income Shocks and Credit Constraints [J]. Review of Economic Studies, 2006, 73: 459 – 485.

[108] Painter, G. Tenure Choice with Sample Selection: Differences among Alternative Samples [J]. Journal of Housing Economics, 2000, 9 (3): 197 – 213.

[109] Pan, J. N., Huang, J. T., Chiang, T. F. Empirical study of the local government deficit, land finance and real estate markets in China [J]. China Economic Review, 2015, 32: 57 – 67.

[110] Piazzesi, M., Schneider, M. Inflation illusion, credit, and asset prices [M]. Asset prices and monetary policy. University of Chicago Press, 2008: 147 – 189.

[111] Piazzesi, M., Schneider, M. Momentum Traders in the Housing

Market: Survey Evidence and a Search Model [J]. American Economic Review, 2009, 99 (2): 406 -411.

[112] Poterba, J. M. , Weil, D. N. , Shiller, R. House price dynamics: the role of tax policy and demography [J]. Brookings Papers on Economic Activity, 1991 (2): 143 -203.

[113] Poterba, J. "Tax Subsidies to Owner - Occupied Housing: An Asset Market Approach" [J]. Quarterly Journal of Economics, 1984, 99 (4): 729 -745.

[114] Quigley, J. M. , & Raphael, S. "Is Housing Unaffordable? Why Isn't It More Affordable?" [J]. Journal of Economic Perspectives, 2004, 18 (1): 191 -214.

[115] Roback, J. , Wages, Rents, and the Quality of Life [J]. Journal of Political Economy. 1982, 90 (4): 1257 -78.

[116] Rosen, H. S. , Rosen, K. T. Federal taxes and homeownership: Evidence from time series [J]. Journal of Political Economy, 1980, 88 (1): 59 -75.

[117] Santos, Manuel, S. , Woodford, Michael. Rational asset pricing bubbles [J]. Econometrica, 1997, (65): 19 -58.

[118] Shiller, R. J. Long-term perspectives on the current boom in home prices [J]. The Economists' Voice, 2006: 3 (4).

[119] Sinai, T. , & Souleles, N. S. "Owner - Occupied Housing as a Hedge Against Rent Risk" [J]. Quarterly Journal of Economics, 2005, 120 (2): 763 -789.

[120] Smith, M. H. , Smith, G. Bubble, bubble, where's the housing bubble? [J]. Brookings Papers on Economic Activity, 2006 (1): 1 -67.

[121] Song, Y. Hukou-based labour market discrimination and ownership structure in urban China [J]. Urban Studies, 2016, 53 (8): 1657 -1673.

[122] Song, Y. What should economists know about the current Chinese

hukou system? [J]. China Economic Review, 2014, 29: 200 -212.

[123] Song, Z., Storesletten, K., Wang, Y., et al. Sharing high growth across generations: pensions and demographic transition in China [J]. American Economic Journal: Macroeconomics, 2015, 7 (2): 1 -39.

[124] Stroebel, J., Vavra, J. House prices, local demand, and retail prices [J]. Journal of Political Economy, 2019, 127 (3): 1391 -1436.

[125] Stroebel, J., Vavra, J. House prices, local demand, and retail prices [R]. National Bureau of Economic Research, 2014.

[126] Tirole, Jean. Asset bubbles and overlapping generations [J]. Econometrica, 1985, 53: 1499 -1528.

[127] Tomura, H. Heterogeneous Beliefs and Housing - Market Boom - Bust Cycles [J]. Journal of Economic Dynamics and Control, 2013, 37 (4): 735 -755.

[128] Tramontana, F., Westerhoff, F., & Gardini, L. "On the Complicated Price Dynamics of a Simple One - Dimensional Discontinuous Financial Market Model with Heterogeneous Inter - Acting Traders" [J]. Journal of Economic Behavior & Organization, 2010, 74 (3): 187 -205.

[129] Van de Ven, W. P. M. M., Van Praag, B. M. S. The demand for deductibles in private health insurance: A probit model with sample selection [J]. Journal of econometrics, 1981, 17 (2): 229 -252.

[130] Wu, G. L., Feng, Q., Li, P. Does local governments' budget deficit push up housing prices in China? [J]. China Economic Review, 2015, 35: 183 -196.

[131] Y. F. Uncertainty, liquidity, and housing choices [J]. Regional Science and Urban Economics, 1995, 25 (2): 223 -236.

[132] Zhou, J. Uncertainty and housing tenure choice by household types: Evidence from China [J]. China Economic Review, 2011, 22 (3): 408 -427.

后　记

本书的内容主要基于作者在读博期间的研究。在这一过程中，众多的师长、领导、同学、同事、亲人和朋友以不同的形式给予我莫大的帮助，让我一路走到今天。我希望借此机会向他们表达衷心的感谢！

我首先要向我的博士生导师龚刚教授致以最崇高的敬意。除了渊博的学识、严谨的治学，龚老师最令我钦佩的是他不拘泥于主流宏观经济学的分析框架，而能够在理论和分析方法上锐意创新，比如他对“内生商业周期”理论和“两阶段经济增长理论”的研究，都极大地拓展了宏观经济理论。这种创新精神是我这样的后辈学者需要继承的。龚老师作为导师，循循善诱，对我们这些学生都加以悉心的指导。老师四年中的付出，我都铭记在心。

我还想感谢我在新加坡国立大学进行联合培养时的导师邓永恒教授。邓老师是国际知名的华人房地产经济学家，我在新国大访问期间，邓老师为我提供了一流的学习和工作环境，并且鼓励我参加IRES和国大经济系的课程及内部研讨会。不夸张地说，这些经历让我对现代主流经济学研究，尤其是实证研究的理解有了“脱胎换骨”的变化。此外，新加坡国立大学的李强老师、廖文奇老师、符育明老师、朱胜壕老师、萨米特·阿加瓦尔（Sumit Agarwal）教授都在学术上给过我无私的帮助，再次一并表示衷心的感谢。

在来到首都经济贸易大学金融学院工作之后，包括尹志超院长、程显秋书记在内的学院领导对我的科研和教学工作给予大力支持，为像作者这样的青年教师提供了优越的研究环境。在此，作者向他们表示最诚挚的谢意。

龚老师门下的学生历来有着优良的学风和相互帮助的传统。作为龚老师在南开的“关门弟子”，我受到了各位师兄和同门的无私帮助。值得一提的是杨光老师。作为“大师兄”，杨老师从我来到南开直至毕业，从撰写论文到找工作，在各个方面都给予我莫大的帮助和支持，我想向他表示最诚挚的感谢。此外，我的“同门”刘学良师兄、李炳念师兄、李荣坦师兄、张前程师兄、魏熙晔师兄、高阳师兄和徐文舸师兄，和你们在一起讨论学术问题，一起畅谈理想是我在南开最难忘的经历。

最后的感谢留给一直在背后默默支持我的亲人——我的父亲张家祥，母亲路宝民。我的父母一直坚定地支持我，在逆境中给我信心，在我取得进步时让我保持谦虚和冷静，并且鼓励我走上学术的道路。这一切的背后，是我作为独生子，无法给予父母应有的照顾，当我远在异国时，母亲因为胰腺炎而忍受着巨大的痛苦，身边可以照料的只有同样年迈的父亲。读博期间，一直最疼爱我的外婆也因病离开了人间，我同样因为学业没有尽到照料的义务。我的亲人们为了我付出了太多，如果没有你们，我根本无法走到现在。我所能做的，就是将本书献给你们，并且在今后的岁月中，补偿我过去所未尽的责任，尽管我知道父母的恩情是永远无法偿还的。